世界一美味しい手抜きごはん

最速! やる気のいらない100レシピ

はらぺこグリズリー

KADOKAWA

はじめに

「料理初心者でよく分からないけど、凝った料理を作りたい」
「仕事で疲れて料理を作れない、でも自炊はしたい」
「とにかく忙しくて、料理だけにゆっくり時間をかけられない」
一度でも料理を作ったことのある人はこんなふうに思ったことがあるのではないでしょうか。

そんな料理経験者でも、初心者でも、誰にとっても役立つようにと、「ラクして美味しく作れる料理だけを集めた」のが本書です。

筆者自身、料理初心者のころは「美味しそうだけど難しそう、ムリ」と作らず諦めることも全然ありました。料理に慣れた今でも、そもそも時間と余裕がないことで「自炊する元気残ってない！ 今日はカップ麺！」という日もあります。

料理をするようになっても、めんどくさいものはめんどくさいです。かといって、毎日カップ麺やレトルト食品を食べることにも罪悪感が…。

こうなるとなんとかして出来るだけ「手抜き」しながら「自炊」をしたいと考えるようになりました。

しかし、基本的に料理は手間と美味しさが比例します。
・長く煮込めば煮込むほど、材料は柔らかく
・何種類もの調味料を使う事で、深い味わいに
・たくさんの材料から出るダシで完成度の高い味に

例えば、スパイスを何種類も使ったキーマカレーは美味しいですし、紹興酒を使って何時間もじっくり煮込んだ角煮はたまりません。しかし実際、日常生活で半日も煮込んだり、何種類もスパイスを揃えたりするのはどう考えても難しいです。むしろ、「それだけ手間をかけたら美味しくて当たり前だよ」とツッコミを入れたくなってしまいます。

「冷やっこを作るような気楽さで、手の込んだ料理が作れたらなあ」

そんな思いに駆られて、自身で開設した料理ブログに日々、「ラクして美味しく作れる」レシピを投稿するようになりました。半日煮込んだり、何種類もスパイスを使う料理は一切なし。「適当、適量、少々」といった曖昧な表記も一切なし。食材も調味料もスーパーで調達できるものに限定。

そんな風にがむしゃらにレシピ開発をしていたところ、ありがたいことに多くの方々から大変なご好評いただき、このたび書籍を執筆させていただく運びとなりました。せっかく皆様からいただけた「本を出版させていただける機会」を絶対に無駄にしたくないと思い、徹底的に実用的な本を作ろうと決心しました。

目指すのは、誰が作っても「冷やっこを作るぐらい簡単」で「手間をかけたように美味しく作れる」ような「世界一美味しい手抜きごはん」です。作るからには徹底的に「手抜きでも美味しい」にこだわる必要がありました。

すべてのレシピで"いかに簡単に美味しく作るか"を極限まで追求し
・美味しくても超簡単でなければダメ、レシピ開発をやり直し
・10秒でも時短できるなら、迷わずその方法を採用
・誰が作っても100%作れる、それくらい分かりやすいレシピにする
など徹底的にこだわりました。

そして長い月日をかけ、ついに自分で納得のいく「世界一美味しい手抜きごはん」が完成しました。フードプロセッサーも使いませんし、半日煮込む料理もありません。コリアンダーなどの難しい調味料は登場せず、難しい工程も一切ないようにしました。

基本的に「混ぜるだけ」「材料を全部突っ込んでレンジでチンするだけ」の料理がメインになっています。やや複雑そうに見える料理もありますが、それらも「フライパンや鍋一つで最初から最後まで作れてしまう」料理ばかりです。

料理初心者の方、忙しくて料理に時間をかけられない方。この本は、まさにそんな方のための本です。誰が作っても「100%簡単で美味しく作れるレシピ本」を目指して作られています。

本書を通して、「忙しくて料理をする時間がなかなかとれない」「凝った料理を作ってみたいけど、料理初心者だから難しそうで作れない」そんな料理への不安が減って「こんなラクなのに美味しく作れた！」と「料理をする時間」が少しでも「ワクワクするような楽しみな時間」になれば幸いです。

はらぺこグリズリー

もくじ

- はじめに……2
- 調味料 これだけそろえておけば問題なし！……8
- 最強のトッピング 卵……10

最高すぎる人気ごはん10

- no.1 世界で1番簡単に作れる **おつまみ角煮**……14
- no.2 絶対失敗しない **黄金カルボナーラ**……16
- no.3 とにかく箸が止まらない！ **手羽元のさっぱり煮**……18
- no.4 食欲をそそるピリ辛風味！ **豚キムチ焼きうどん**……20
- no.5 **カフェ風てりたまチキン丼**……22
- no.6 タダゴトではない旨さの **じゃこピーマン**……24
- no.7 マジで旨いから1度は食べてほしい **たくあんチャーハン**……26
- no.8 マイルドなのにあと引く辛さ！ **冷やし担担麺**……28
- no.9 常連になりたくなる飲み屋の味！ **絶品塩からあげ**……30
- no.10 忙しい朝でも一瞬で作れる！ **お手軽フレンチトースト**……32

最速のおつまみ

- no.1 絶品！チーズマヨの **濃厚アボカド焼き**……36
- no.2 にんにく醤油香る **本格マグロユッケ**……37
- no.3 超お手軽！麺つゆラー油の **ピリ辛やっこ**……38
- no.4 1分完成の本格おつまみ **たことがきゅうりの酢味噌和え**……39
- no.5 涼感やみつき **冷やしトマト**……40
- no.6 優しい辛さの **やみつきキムチやっこ**……42
- no.7 **焼きなすの揚げ浸し風**……43
- no.8 ずっと食べたくなる **無限キャベツ**……44
- no.9 **アボカドのタルタル和え**……45
- no.10 塩昆布のダシ香る **えびの「和」ヒージョ**……46
- no.11 ほんのり醤油風味の **じゃがトロマヨチーズ**……48
- no.12 ご飯と味噌汁に最高に合う **きゅうりのからしづけ**……50
- no.13 爆速で完成する **たこキムチ**……51
- no.14 レンジで一発！**豆腐の味噌田楽**……52
- no.15 香ばしい **にんにくホイル焼き**……54
- no.16 スナック感覚おつまみ！ **ガーリックラスク**……55
- no.17 100倍簡単！揚げずに作れる絶品 **フライドポテト**……56
- no.18 ラーメン屋風おつまみの定番！ **ピリッと旨い鶏チャーシュー**……58

魅惑の麺類

- no.1 濃厚！ **明太バター醤油クリームうどん**──62
- no.2 和風仕立てのクセになる味わい！ **マヨ醤油塩昆布うどん**──64
- no.3 魚介と麺つゆのWだし！ **簡単和風ボンゴレ**──66
- no.4 200回作った **ミートソーススパゲッティ**──68
- no.5 **俺のペペロンチーノ**──70
- no.6 大葉と粉チーズで作る **シンプルジェノベーゼ**──72
- no.7 レンジde **ナポリタン**──73
- no.8 塩昆布仕立ての **絶品和風カルボナーラ**──74
- no.9 **なすとひき肉のバター醤油パスタ**──76
- no.10 明太子の塩気とバターが絡み合う **明太クリームパスタ**──77
- no.11 捨てる部分なし！ **ねぎ香味油パスタ**──78
- no.12 手軽に本格中華！ **麻婆ジャージャー麺**──80
- no.13 つい食べたくなるジャンクな味！ **油そば**──82
- no.14 **冷やしカルボナーラ風ラーメン**──83
- no.15 本格スープがレンジで完成！超時短の絶品 **冷やしラーメン**──84
- no.16 手作りソースが秘訣！ **屋台風焼きそば**──86

究極のおかず

- no.1 手抜きなのにしっかり美味しい **えびマヨ**──90
- no.2 とろーりチーズと肉の絡みがたまらない！ **チーズテジカルビ**──92
- no.3 **手羽先の甘しょっぱ揚げ焼き**──94
- no.4 究極の **ポテトサラダ**──96
- no.5 サクサク食感の自家製 **フライドチキン**──98
- no.6 オーブントースターで完成！ **揚げない簡単カツレツ**──100
- no.7 丸めず揚げない油もいらない！ **超簡単オーブンコロッケ**──101
- no.8 **温玉シーザーサラダ**──102
- no.9 まろやかな旨みがたっぷり染み込んだ **肉豆腐**──104
- no.10 レンジで作れる **本格だし巻き玉子**──105
- no.11 ごはん何杯でもイケる **油淋鶏**──106
- no.12 **豚肉の洋風手抜き炒め**──108
- no.13 家庭で本格中華が味わえる！ **絶品よだれ鶏**──110
- no.14 スーパーで安く買った肉が大変身！ **極上のステーキ**──112
- no.15 ホワイトソースまでまるごと手作りの **クリームシチュー**──114
- no.16 身近な素材だけで作れる超本格！ **麻婆豆腐**──116
- no.17 レンジでおふくろの味を再現！ **レンチン肉じゃが**──118
- no.18 **モチモチれんこん餅**──119
- no.19 カリカリ食感の美味しい **レバーからあげ**──120

完璧なごはん

- no.1 絶品！ **王道のふわとろ親子丼** ―124
- no.2 ピリ辛でクセになる！ **ペペロンチャーハン** ―126
- no.3 マイルドな辛さがたまらない！ **キムマヨチャーハン** ―127
- no.4 懐かしの **チキンライス** ―128
- no.5 海鮮居酒屋風 **あじのなめろう丼** ―130
- no.6 タレにこだわった **マグロの漬け丼** ―131
- no.7 **本格しらす丼** ―132
- no.8 中までしっとり美味しい **焼きおにぎり** ―133
- no.9 魚介の旨みを凝縮！ **地中海風の超本格パエリア** ―134
- no.10 ボリューム満点！ **スタミナ豚玉丼** ―136
- no.11 **伝説の卵かけご飯**(改) ―138

気軽な一品料理

- no.1 衝撃のもちもち食感！ **長いもお好み焼き** ―142
- no.2 まるでたこ焼き！？ フライパンで作る **たこ好み焼き** ―144
- no.3 チーズをかければかけるほどウマい **はちみつピザ** ―146
- no.4 なすとトマトの相性抜群！ **自家製ガーリックピザ** ―148
- no.5 カリカリもっちり **ニラチヂミ** ―150
- no.6 ふわっふわ **卵焼きサンド** ―152
- no.7 **マヨたまトースト** ―154
- no.8 混ぜて塗るだけ！ チーズたっぷり **ピザトースト** ―154

至高のカレー

- no.1 最高に美味しい **和風キーマカレー** ―158
- no.2 超本格！ 秘密の絶品 **スープカレー** ―160
- no.3 昔ながらの懐かしい味！ **給食のカレー** ―162
- no.4 肉の旨みを活かしたこだわりの **ビーフカレー** ―164

ご褒美スイーツ

- no.1 濃厚しっとり **ガトーショコラ** …… 168
- no.2 りんご本来の甘味を活かした **焼きりんご** …… 170
- no.3 材料たった3種類！**濃厚バニラアイス** …… 171
- no.4 究極のフワフワ感を味わえる **パンケーキ** …… 172
- no.5 優しい甘さの **簡単バナナ蒸しパン** …… 174
- no.6 世界で1番簡単な **チョコカップケーキ** …… 175
- no.7 ほのかな甘みの **牛乳ゼリー** …… 176
- no.8 タダゴトではない旨さの **自家製プリン** …… 178
- no.9 手軽にできる本格和菓子 **芋ようかん** …… 180
- no.10 しっとり食感がたまらない **パン「粉」ケーキ** …… 182
- no.11 寝かせないからすぐ作れる **本格チョコチップクッキー** …… 184
- no.12 控えめで上品な甘さの **パウンドケーキ** …… 185
- no.13 優しい甘さと食感！**手作りクッキー** …… 186
- no.14 アーモンドチョコで作る **絶品ひんやりムース** …… 188
- おまけ **卵白貯金でシフォンケーキ** …… 190

本書の使い方

計量について
- 大さじ1は15mlです。
- 小さじ1は5mlです。

材料について
- 塩こしょうとは、塩とこしょうが一緒になった市販のものを使用しています。
- 麺つゆは2倍濃縮のものを使っています。
- 皮をむく、種やヘタを取るなどの工程は省いています。
- 卵はMサイズ、じゃがいも、玉ねぎなどもMサイズを目安に個数を表記しています。
- 本書で登場する「ひき肉」は「牛ひき肉」、「豚ひき肉」、「合いびき肉」のいずれかであればどれでも使用可能です。
- バターは有塩を使用しています。

加熱時間について
- 家庭用コンロ、IHヒーター等の機種によって火力、出力が異なる場合があります。
- 加熱時間はあくまで目安ですので、火加減を確認しつつ調節してください。
- 特に肉や魚介類を扱う料理では火の通りを実際に確認してください。

調理器具について
- 電子レンジの加熱時間は500Wの場合の目安です。オーブントースターは1000Wです。
- 600Wなら0.8倍に換算して加熱時間を調節してください。
- 機種により多少異なることがあります。
- オーブンは余熱しません。

調味料

これだけそろえておけば問題なし！

これらを持っていれば、豆板醤がなくても麻婆豆腐が作れますし、サフランなしでもパエリアもOK。買ったはいいものの使い切れない調味料がゴロゴロという状況を防げます。

一番基本

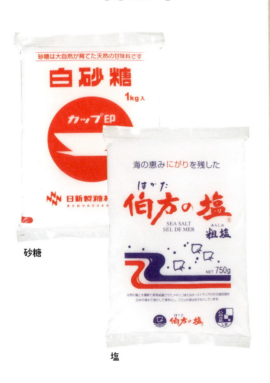

砂糖

塩

スタメン

マヨネーズ
ケチャップ
ごま油
オリーブオイル
みりん
顆粒コンソメ
にんにくチューブ
しょうがチューブ
和風だしの素
練りがらしチューブ

これだけでこの本の100レシピが作れる!!

酒 / 醤油 / 酢 / 麺つゆ / 味噌 / 塩こしょう / ラー油 / カレー粉

あると便利

中濃ソース

ウスターソース

お好み焼きソース

ポン酢醤油

粉チーズ

黒こしょう

サラダ油(炒め用)

カレールー

最強のトッピング
卵
絶対おすすめ 3つの食べ方

料理にあわせてこの3種類の卵のどれかをトッピングすれば、かんたん料理が手軽にグレードアップ！

1 口当たりが最高なゆで卵
ゆで卵

材料（作りやすい分量）

卵……3個

＊卵は水から茹でずに、沸騰してから入れましょう
＊卵の殻は、流水にあてながらむくとむきやすいです

1 水を沸騰させて、卵をお玉でそっと入れ、6分茹でる

鍋に　卵3個　中火　6分

2 氷水に3分浸けてから、殻をむいて完成

3分

2 煮卵

世界一美味しい煮卵の作り方

材料(作りやすい分量)

ゆで卵……3個
麺つゆ……150ml

完成！

1. 密閉容器にゆで卵と麺つゆ100mlを入れる

密閉容器に

2. ゆで卵の上にキッチンペーパーをかぶせ、その上から麺つゆ50mlをかける。容器に蓋をして、冷蔵庫で半日置いて完成

3 温泉卵

幸せなトロトロ感が味わえる温泉卵

材料(作りやすい分量)

卵……1個
水……小さじ1

＊加熱時にラップはしません
＊白身が固まり、黄身が固まりだす直前まで、様子を見ながら加熱時間を10秒ずつ長くしてみてください
＊これだけ食べる時は、麺つゆ小さじ1をかけると美味しいよ！

1. 小さめの耐熱容器に卵を割り入れ、水を加える

小さめの耐熱容器に
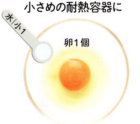

2. 電子レンジで30〜50秒加熱し、水気を切って完成

最高すぎる人気ごはん10

「こんなに簡単なのに美味しく本格的な料理が作れるんだ!」
どの料理から作っても、そう思ってもらえるような本を目指しました。
中でもブログ上での人気が高く「簡単で美味しい」にこだわった
10レシピをここでは紹介しています。
「材料を容器に入れて温めるだけで完成」など、
初めて料理をする人でも簡単な作り方になっています。
一番簡単そうな料理から作って、食べていただくことでもっと「手軽に美味しい料理」
を身近に思ってもらえれば幸いです。

最高すぎる人気ごはん10

no. 1

世界で1番簡単に作れる
おつまみ角煮

材料 (2〜3人分)

- 豚バラ肉ブロック──200g
- 長ねぎ──10cm

調味料
- 醤油──50㎖
- みりん──50㎖
- コーラ──100㎖

おすすめトッピング
- 貝割れ菜

人気ごはん

1 豚肉と長ねぎを一口大に切る。豚肉に数箇所穴をあける

菜箸やフォークで

長ねぎ10cm　豚バラ肉200g

2 耐熱容器に1と調味料すべてを入れる

耐熱容器に
醤油 50㎖
コーラ 100㎖
みりん 50㎖

ラップをして

3 ラップをして電子レンジで10分加熱して完成

チンッ
約10分

竹串を刺して透明な汁が出ればOK

＊コーラの炭酸でお肉が柔らかくなり、さらにコーラの甘みで味に深みが出ます
＊長ねぎはなくても作れますが、入れると臭みも取れますし、つゆでクタッとしたねぎがまた美味しいです！

ついでレシピ
角煮丼
ご飯の上に角煮を汁ごとのせると角煮丼が作れるよ！ 煮卵をのせても美味しい！

最高すぎる人気ごはん10

no. 2

絶対失敗しない
黄金カルボナーラ

人気ごはん

材料(1人分)

- パスタ——100g
- ベーコン——20g

調味料
- 黒こしょう——好きなだけ

ソース材料
- 卵——1個
- 牛乳——大さじ1
- 顆粒コンソメ——小さじ1
- 粉チーズ——大さじ1
- にんにくチューブ——2cm

おすすめトッピング
- 粉チーズ
- イタリアンパセリ

1. ベーコンを一口大に切り、器にベーコンとソース材料を入れて混ぜる

2. 火にかけていないフライパンに1を入れる。パスタを茹で始める

3. 茹でたパスタをフライパンに入れ、トロっとするまで手早く弱火でかき混ぜる

お皿にのせて仕上げに黒こしょうを2〜3ふりかけて完成

ついでレシピ
ほうれん草とベーコンのソテー

余ったベーコンをバターでほうれん草と炒めれば、おつまみソテーが作れるよ！

最高すぎる人気ごはん10

no. 3

とにかく箸が止まらない！
手羽元のさっぱり煮

材料（2～3人分）

- 鶏手羽元……500g（約10本）

調味料
- 醤油……50㎖
- 酢……50㎖
- みりん……50㎖

おすすめトッピング
- しょうが
- 万能ねぎ
- 煮卵

ついでレシピ
つけ麺
余った汁に水150㎖、にんにくチューブ3cm、ごま油小さじ1、和風だしの素小さじ1を入れて煮ると、つけ麺のつゆが作れるよ！

人気ごはん

1 材料すべてを鍋に入れ、中火にかける

2 調味料が沸騰したら、蓋をして弱火で煮詰めて完成

＊ポイントがないぐらい簡単に美味しくできます。

最高すぎる人気ごはん10

no. 4

食欲をそそるピリ辛風味!
豚キムチ焼きうどん

人気ごはん

材料(1人分)

- 冷凍うどん……1玉
- 豚バラ薄切り肉……70g
- キムチ……50g
- 卵黄……1個分

調味料
- 麺つゆ……大さじ1

炒め用
- ごま油……大さじ1

おすすめトッピング
- 万能ねぎ

1
冷凍うどんを電子レンジで4分10秒加熱する

2
豚バラ肉を一口大に切り、ごま油でキムチとともに中火で炒める

肉の色が変わるまで

3
うどん、麺つゆを加えて炒め、なじんだら完成

器に盛って卵黄をのせる

ついでレシピ
キムチのかきたまスープ
余ったキムチは水200㎖、和風だしの素小さじ½を入れて煮て、溶き卵をかければキムチのかきたまスープが作れるよ！

＊冷凍うどんの解凍時間はあくまで目安ですが4分10秒が一番安定します。半解凍の部分がなく、かといって熱すぎないちょうどいい解凍具合になってくれます

最高すぎる人気ごはん10

no.

カフェ風
てりたまチキン丼

材料（1人分）

- カット鶏もも肉──150〜200g
- ご飯──150g

調味料
- 醤油──大さじ2
- 酒──大さじ2
- 砂糖──大さじ1

炒め用
- サラダ油──大さじ1

おすすめトッピング
- 煮卵
- レタス
- ミニトマト

ついでレシピ
焼き鳥丼風
お肉を焼く時に長ねぎも一緒に焼くと長ねぎがクタッとして焼き鳥丼みたいになって美味しいよ！

人気ごはん

1. サラダ油を引き、鶏もも肉の表面を中火で炒める

2. 蓋をして弱火でじっくり炒める

3. 器に調味料すべてを入れて混ぜる

4. 3を入れて中火で絡め、ご飯にのせて完成

最高すぎる人気ごはん10

no. 6

タダゴトではない旨さの
じゃこピーマン

人気ごはん

材料（1〜2人分）

- ピーマン……5個
- じゃこorしらす……30g

調味料
- 醤油……小さじ1
- みりん……小さじ1
- 和風だしの素……小さじ½

炒め用
- ごま油……小さじ1

おすすめトッピング
- 白いりごま

1
ピーマンを細切りにする

ピーマン5個

2
フライパンに油を熱して、ごま油を引き、ピーマン、じゃこorしらすを中火で炒める

じゃこorしらす30g
油がまわるまで
中火

3
調味料すべてを入れて、絡めて完成

中火

ついでレシピ
じゃこねぎポン酢

余ったじゃこはねぎの薄切りとポン酢醤油と和えてじゃこねぎポン酢の完成！

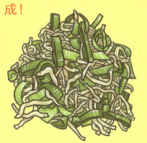

最高すぎる人気ごはん10

no.

マジで旨いから1度は食べてほしい
たくあんチャーハン

人気ごはん

材料 (1人分)

- ウインナー……3本 (50g)
- 卵……1個
- 温かいご飯……200g (丼1杯分)
- たくあん……5枚 (70g)

調味料
- 塩こしょう……2〜3ふり
- 醤油……小さじ1
- ごま油……小さじ1

炒め用
- ごま油……大さじ1

おすすめトッピング
- 香菜
- 白いりごま
- 赤唐辛子

1 たくあんは粗みじん切りに、ウインナーは輪切りにする。卵は溶いておく

2 ごま油を引き、たくあん、ウインナーを中火で炒める

油がまわるまで / 中火

お玉で潰すように

3 溶き卵を回し入れてご飯をのせ、強火で炒める

強火

4 塩こしょう、醤油、ごま油を入れて20秒ほど炒めて完成

＊塩気のある肉ならベーコンでもハムでもチャーシューでもなんでもOK

強火

ついでレシピ
たくあんおにぎり

余ったたくあんを刻んでおかかとご飯でおにぎりを作ると美味しいよ！

最高すぎる人気ごはん10

no. 8

マイルドなのにあと引く辛さ！
冷やし担担麺

人気ごはん

材料 (1人分)

- 中華麺（即席麺でも可）……1玉
- ひき肉……100g
- 牛乳（冷たいもの）……350㎖

調味料
- 味噌……大さじ1
- 麺つゆ……70㎖
- ラー油……小さじ1

炒め用
- ごま油……大さじ1

おすすめトッピング
- 万能ねぎ
- 白いりごま

アレンジレシピ
牛乳の代わりに豆乳を使うと、コクが出てさらに美味しくなるよ！

1 ごま油を引き、ひき肉を中火で炒める

2 味噌を入れて炒め、なじんだら火を止める

3 器に牛乳、麺つゆ、ラー油を入れて混ぜる

4 中華麺を茹でてザルに上げ、氷水で冷やして水気を切る

器に麺とスープを盛って肉味噌をのせて完成

最高すぎる人気ごはん10

no. 9

常連になりたくなる飲み屋の味!
絶品塩からあげ

人気ごはん

材料（1～2人分）

- カット鶏もも肉……250g

調味料
- ☆にんにくチューブ……2cm
- ☆酢……大さじ1
- ☆酒……小さじ1
- ☆和風だしの素……小さじ1
- ☆塩……小さじ½
- ◇片栗粉……大さじ3
- ◇塩こしょう……小さじ½

揚げ用
- サラダ油……フライパンの底から2cmほどの量

おすすめトッピング
- レモン
- パセリ

1 器に鶏肉と☆を入れて混ぜ合わせ、10分漬け込む

2 ◇をまぜたもの、1の鶏肉をポリ袋に入れて揉み込む

3 焦げ目がつくまで中火で、火が通るまで弱火で揚げて完成

＊酢を入れることで肉が柔らかくなる上に、味にアクセントが効いて美味しくなります

ついでレシピ
からあげマヨトースト
余ったからあげをスライスして、パンの上にのせてマヨをかけてトースターで焼くと美味しいよ！

最高すぎる人気ごはん10

no. 10

忙しい朝でも一瞬で作れる!
お手軽フレンチトースト

人気ごはん

材料（直径12cmの耐熱の器1個分）

- 卵……1個
- 牛乳……100ml
- 食パン8枚切り……2枚

調味料
- 砂糖……大さじ2

おすすめトッピング
- キャラメルシロップ
- チャービル
- 粉糖

ついでレシピ
食事風！塩フレンチトースト
砂糖の代わりに塩小さじ½を使ってベーコンエッグを添えれば食事風になるよ！

＊耐熱の小さめのボウルや大きめのマグカップなどを使ってみてください

1 耐熱容器に卵、牛乳、砂糖を入れて混ぜる

2 食パンを一口大にちぎって1に入れ、全体に染み込ませる

3 ラップをせずに電子レンジで3分加熱する

器からはずして完成

最速の
おつまみ

「最小限の負担」で「最大限の美味しさ」に繋がる料理、
それが「おつまみ」だと思っています。
小鉢などに美味しそうに盛られて、
一見作るのが大変そうに見えるかもしれません。
しかし実際、おつまみこそ「簡単さ・早さ・美味しさ」がそろった料理なのです。
本格的な見た目なのに「タレを混ぜてかけるだけ」「材料を袋に入れて揉むだけ」
など超簡単に作れるおつまみを紹介します。

おつまみ no.1

絶品！チーズマヨの
濃厚アボカド焼き

材料(1人分)

- アボカド……1個

調味料
- ピザ用チーズ……好きなだけ（約40g）
- マヨネーズ……好きなだけ（約10g）

おすすめトッピング
- 黒こしょう
- イタリアンパセリ

アボカド1個

1 アボカドを半分に切り、種を取る

チーズが溶けるまで
チーズ 好きなだけ　マヨネーズ 好きなだけ
チンッ
2〜3分

2 穴の部分にチーズを入れてマヨネーズをかけ、電子レンジで加熱して完成

ついでレシピ
アボカドの穴の中にミニトマトを半分に切って入れても酸味がきいて美味しいよ！

おつまみ

no.2
にんにく醤油香る
本格マグロユッケ

材料(1人分)
- 刺身用マグロ……100g
- 卵黄……1個分

調味料
- にんにくチューブ……2cm
- 醤油……小さじ1
- ごま油……小さじ1

おすすめトッピング
- 万能ねぎ
- 白いりごま

1
マグロを包丁で叩く
(原型がなくなるまで / マグロ100g)

(醤油 小1 / にんにく 2cm / ごま油 小1)

2
1と調味料すべてを混ぜ合わせ、中央に卵黄をのせて完成

ついでレシピ
シメの卵かけユッケご飯
卵かけご飯の上にユッケをのせるとシメの卵かけご飯ユッケが作れるよ！

おつまみ
no. 3

超お手軽！麺つゆラー油の
ピリ辛やっこ

材料(1〜2人分)

- 豆腐——半丁

調味料
- 麺つゆ——大さじ1
- ごま油——大さじ1
- ラー油——小さじ1

おすすめトッピング
- 万能ねぎ
- 白いりごま

1
器に豆腐をのせ、調味料すべてを混ぜてかけて完成

ついでレシピ
豆腐チーズ
上にスライスチーズをのせてとろーり加熱。洋風おつまみが作れるよ！

おつまみ no. 4

1分完成の本格おつまみ
たときゅうりの酢味噌和え

材料（2〜3人分）

- ●刺身用たこ——100g
- ●きゅうり——1本

調味料
- ●酢——大さじ2
- ●味噌——大さじ2
- ●砂糖——大さじ2
- ●練りがらしチューブ——小さじ1

1 たこときゅうりを輪切りにする

2 1と調味料すべてを混ぜ合わせて完成

ついでレシピ
たこがなかったらワカメと長ねぎを酢味噌で和えても美味しいよ！

おつまみ no. 5

涼感やみつき
冷やしトマト

おつまみ

材料(2〜3人分)

- トマト……2個
- 玉ねぎ……¼個

調味料

- にんにくチューブ……2cm
- オリーブオイル……大さじ2
- ポン酢醤油……大さじ1
- 塩こしょう……2ふり

おすすめトッピング

- イタリアンパセリ

ついでレシピ
ピザトースト
冷やしトマトとチーズをパンにのせてオーブントースターで焼くとピザトーストが作れるよ！

1 トマトを輪切りにする

2 玉ねぎをみじん切りにする

3 玉ねぎと調味料すべてを混ぜ、トマトにかけて完成

＊ポン酢の酸味とにんにくが絶妙に絡みあいます！

おつまみ no. 6

優しい辛さの
やみつき キムチやっこ

材料(1人分)

- 豆腐……半丁
- キムチ……大さじ2

調味料
- 塩昆布……ひとつかみ(約5g)
- ごま油……大さじ1

おすすめトッピング
- 白いりごま

1
器に豆腐、キムチの順にのせる

2
塩昆布をのせ、ごま油をかけて完成

＊豆腐にのせるキムチをざく切りにしておくと、食べやすくてさらにおつまみっぽくなります！

ついでレシピ
キムチ豆腐ステーキ
豆腐を焼いて焦げ目をつけて豆腐ステーキにしても美味しいよ！

おつまみ no. 7

焼きなすの揚げ浸し風

ついでレシピ
なすのさっぱり焼き
麺つゆの代わりにポン酢醤油を使うとさっぱり焼きになるよ！

おつまみ

材料（1〜2人分）
- なす──2本

調味料
- しょうがチューブ──2cm
- 麺つゆ──40ml
- 水──大さじ1

焼き用
- サラダ油──大さじ1

おすすめトッピング
- 万能ねぎ
- 白いりごま

1 なすを薄く切る

2 器に調味料すべてを入れて混ぜる

フライパンに油を熱して　こんがり色づくまで　中火

3 サラダ油を引き、なすを中火で焼き、器に盛って2をかけて完成

おつまみ
no. 8

ずっと食べたくなる
無限キャベツ

ついでレシピ
やみつき塩キャベツ
余ったキャベツ3〜4枚にごま油大さじ1と塩小さじ½、にんにくチューブ2cmを混ぜたものをかけて生で食べても美味しいよ！

材料(2〜3人分)
- 豚バラ薄切り肉……80g
- キャベツ……4〜5枚(100g)

調味料
- 酢……小さじ2
- 醤油……小さじ2
- 塩こしょう……2ふり

おすすめトッピング
- 赤唐辛子
- 黒いりごま
- 練りがらし

1
豚肉は4〜5cm幅に切り、キャベツは細切りにする

2
耐熱容器にキャベツ、豚肉、酢、醤油、塩こしょうの順に入れて電子レンジで3分加熱して完成

＊肉が赤いときは追加でチンする
＊豚バラの代わりに豚こまでもOKです！その場合はもっと安くなります

おつまみ

おつまみ no.9
アボカドのタルタル和え

ついでレシピ
食パンにのせてオープンサンドや、トーストにしても美味しいよ！

材料（1〜2人分）
- アボカド……1個
- ゆで卵……1個

調味料
- マヨネーズ……大さじ3
- 酢……小さじ1
- 砂糖……小さじ½
- 塩こしょう……2ふり

おすすめトッピング
- パセリ

ゆで卵1個

1 アボカドは食べやすい大きさに切り、ゆで卵はざく切りにする

アボカド1個 / 酢 小1 / 砂糖 小½ / 塩こしょう 2ふり / マヨネーズ 大3

2 アボカドとゆで卵、調味料すべてを混ぜ合わせて完成

おつまみ
no. 10

塩昆布のダシ香る
えびの「和」ヒージョ

おつまみ

材料（1〜2人分）

- むきえび……100g
- にんにく……1かけ
- 赤唐辛子……1本

調味料
- 塩昆布……ひとつかみ（約5g）
- 醤油……小さじ½
- 塩こしょう……2〜3ふり

炒め用
- オリーブオイル……100mℓ

1 にんにくと赤唐辛子をスライス状に切る

2 オリーブオイルを入れ、にんにくと赤唐辛子を炒める

にんにくが少し色づくまで

弱火と中火の間

3 えび、調味料すべてを入れて弱火で絡めて完成

えびの色が変わるまで　弱火

＊キー食材はよくお茶漬けなどにかける塩昆布。この塩昆布と醤油を調味料として加えることで、イタリアンの中に和風のダシが加わり、いつものアヒージョとひと味違った味を楽しめるようになります。さしずめワヒージョといったところでしょうか！

ついでレシピ
えびの代わりにしらすでやっても美味しい

おつまみ
no. 11

ほんのり醤油風味の
じゃがトロマヨチーズ

おつまみ

材料 (1人分)

- じゃがいも……1個
- ピザ用チーズ……ひとつかみ (約20g)

調味料
- マヨネーズ……小さじ1
- 醤油……小さじ1

おすすめトッピング
- パセリ

1
じゃがいもをよく洗い、6等分に切る

じゃがいも1個

耐熱容器に

2
耐熱容器に1を入れ、電子レンジで4分加熱する

ラップをして
チンッ
4分

3
調味料すべてを入れて混ぜる

醤油/小1　マヨネーズ/小1

4
器に盛り、チーズをのせて電子レンジで1分加熱して完成

＊簡単すぎますがマジで美味しいです
＊ピザ用チーズは溶けるスライスチーズ1枚でもOK

耐熱の器に

チーズひとつかみ
チンッ　チーズが溶けるまで　1分

ついでレシピ
即席ジャーマンポテト風
ベーコンも一緒にチンすると即席ジャーマンポテトになるよ！

おつまみ no.12

ご飯と味噌汁に最高に合う
きゅうりのからしづけ

ついでレシピ
からしの代わりにわさびでも
美味しいよ

材料(4人分)

- きゅうり……4本

調味料
- 練りがらしチューブ……10〜15g
- 塩……20g
- 砂糖……40g

おすすめトッピング
- 糸唐辛子

1 きゅうりを8等分に切る

2 保存袋にきゅうり、調味料すべてを入れて揉み込み、空気を抜いて冷蔵庫で半日冷やして完成

＊からしは辛いのが好きな方は15gで、苦手な方は10gがおすすめ
＊混ぜる時によく揉み込むと美味しくなります

おつまみ no.13

爆速で完成する
たこキムチ

材料(1人分)

- 刺身用たこ……60g
- キムチ……60g

1 たこを一口大に切る

2 たことキムチを混ぜて完成

おつまみ

ついでレシピ
コク旨！大葉たこキムチ
ごま油と刻んだ大葉をかけると風味が出てさらに美味しいよ！

おつまみ
no. 14

レンジで一発！
豆腐の味噌田楽

材料(1人分)

- 豆腐……半丁

調味料
- 練りがらしチューブ……2cm
- 砂糖……大さじ1
- 味噌……大さじ1
- 水……小さじ1

おすすめトッピング
- 万能ねぎ

ついでレシピ
即席おつまみ湯豆腐
残った豆腐をレンジでチンして、水を捨てておかか、ねぎ、醤油をかければ即席湯豆腐の完成

1 器に調味料すべてを入れて混ぜる

2 豆腐を3等分にして電子レンジで2分加熱する

3 豆腐から出た水気をキッチンペーパーでふく

4 1を豆腐に塗って完成

＊レンジの代わりにオーブントースターで焼くと豆腐に焼き目がついてさらに美味しいです！

おつまみ

おつまみ no.15

香ばしい にんにくホイル焼き

ついでレシピ
にんにくのバター醤油焼き
出来上がる直前にホイルを開けてバターと醤油を入れてこんがりさせるとバター醤油焼きに変身するよ！

材料（1〜2人分）

にんにく……1株

1
にんにくを小分けにして、アルミホイルで包み、中火で2分焼く

2
途中でホイルごとひっくり返して弱火で10〜15分焼く

3
ホイルを取り、にんにくの皮をむいて完成

＊にんにくは皮をむかずに焼くことで皮でにんにくが蒸されてホクホクになります！

おつまみ
no. 16

スナック感覚おつまみ！
ガーリックラスク

ついでレシピ
塩こしょうとにんにくの代わりに砂糖を使うと、おやつラスクになるよ！

材料（1～2人分）

調味料
- パンの耳——1～2枚分

調味料
- にんにくチューブ——3cm
- 塩こしょう——1ふり

炒め用
- オリーブオイル——大さじ3

おすすめトッピング
- パセリ

パンの耳1枚分

1 パンの耳を半分に切る

2 1と調味料すべてを入れて中火で炒める

＊スライスにんにく1かけ分で作るとフライドガーリックっぽくなってにんにくの食感と一緒に楽しめますし、すりおろしチューブを使うとにんにく風味を味わえて美味しいです！両方入れても美味しいです！

おつまみ

おつまみ
no. 17

100倍簡単！揚げずに作れる絶品
フライドポテト

材料(1人分)

- じゃがいも……1個

調味料
- 水……大さじ1
- 塩こしょう……小さじ½

焼き用
- オリーブオイル……大さじ1

おすすめトッピング
- タイム

おつまみ

1 じゃがいもをよく洗い、8等分に切る

2 耐熱容器に水とじゃがいもを入れて電子レンジで4分加熱する

3 オリーブオイルを引き、じゃがいもを中火でこんがり焼く

4 塩こしょうを入れて混ぜて完成

＊じゃがいもは小サイズなら2個で
＊ケチャップとマヨネーズを混ぜたオーロラソースをつけて食べるとより一層美味しく食べられます！

ついでレシピ
揚げないポテトチップス
じゃがいもを薄くスライスして、水分がなくなるまで両面レンチンして塩をかけるとポテチになるよ！

おつまみ
no. 18

ラーメン屋風おつまみの定番!
ピリッと旨い鶏チャーシュー

おつまみ

材料（2〜3人分）

- 鶏むね肉……1枚
- 長ねぎ……½本

調味料
- 醤油……100㎖
- みりん……100㎖
- ラー油……小さじ1
- 塩こしょう……2ふり

おすすめトッピング
- 白いりごま

> **ついでレシピ**
> ねぎ鶏チャーシューチャーハン
> 余ったねぎ鶏チャーシューはみじん切りにして溶き卵と塩こしょうとご飯と炒めるとねぎ鶏チャーシューチャーハンになるよ！

1 耐熱容器に鶏肉、醤油、みりんを入れて電子レンジで5分加熱する

2 鶏肉をひっくり返して、さらに5分加熱する

3 鶏肉は一口大のそぎ切りに、長ねぎは細切りにする。

4 器に鶏肉、長ねぎ、ラー油、塩こしょうを入れて混ぜて完成

魅惑の麺類

安くてコスパのいいパスタ、ボリュームと茹で上がりの早さが
使いやすいうどんなど、麺類はどんな人にとってもありがたい食材です。
そんな麺類の良さを更に引き立たせる16種類のレシピを紹介します。
麺の料理は1品で1食になるのもいいところ。
ほんのひと手間で満足の1食が完成するので、ぜひお試しあれ。

麺類 no. 1

濃厚!
明太バター醬油クリームうどん

材料(1人分)

- 冷凍うどん……1玉
- 明太子……½〜1腹(1〜2本)
- 牛乳……100㎖

調味料
- バター……小さじ1
- 醤油……小さじ½

おすすめトッピング
- 刻みのり

麺類

1 耐熱容器に材料すべてを入れて、電子レンジで加熱する

2 明太子とうどんをほぐしながら、しっかり混ぜ合わせて完成

＊冷凍うどんの解凍時間はあくまで目安ですが4分10秒が一番安定します。半解凍の部分がなく、かといって熱すぎないちょうどいい解凍具合になってくれます

ついでレシピ
シメの明太クリームリゾット

余った汁にご飯と牛乳100㎖、粉チーズを入れて煮込むとシメの明太クリームリゾットになるよ！

麺類
no.

和風仕立てのクセになる味わい！
マヨ醬油塩昆布うどん

材料(1人分)

- ●冷凍うどん——1玉

調味料
- ●塩昆布——ひとつかみ(約5g)
- ●マヨネーズ——大さじ1
- ●醤油——大さじ1
- ●ごま油——小さじ1

麺類

1
冷凍うどんを電子レンジで加熱する

冷凍うどん1玉
チンッ
約 4 分 10 秒

2
器に
うどんと調味料すべてを混ぜて完成

ごま油 小1
醤油 大1
マヨネーズ 大1
塩昆布ひとつかみ

ついでレシピ
おつまみピーマン

余った塩昆布と刻んだピーマンをごま油で炒めて、ついでにおつまみが作れるよ!

麺類 no.3

魚介と麺つゆのWだし!
簡単和風ボンゴレ

材料（1人分）

- パスタ──100g
- にんにく──1かけ
- あさり──100g

調味料
- 酒──150ml
- 麺つゆ──大さじ1
- 塩こしょう──2ふり

炒め用
- オリーブオイル──大さじ1

おすすめトッピング
- 万能ねぎ
- 白いりごま

アレンジレシピ
麺つゆの代わりにコンソメ小さじ1にすると和風から洋風ボンゴレにできるよ！

麺類

1. にんにくをスライス状に切り中火で炒める。パスタを茹で始める

2. フライパンにあさり、酒を入れて強火で蒸す

3. 茹でたパスタ、麺つゆ、塩こしょうを入れて中火で炒めて完成

麺類

no. 4

200回作った
ミートソース
スパゲッティ

材料（1人分）

- パスタ――80g
- ひき肉――80g
- 玉ねぎ――½個
- にんにく――1かけ
- カットトマト缶――½缶

調味料
- 水――大さじ1
- 酒――200㎖
- みりん――小さじ1
- 顆粒コンソメ――小さじ1
- 塩こしょう――2〜3ふり
- ケチャップ――大さじ1

炒め用
- オリーブオイル――大さじ1

おすすめトッピング
- パセリ

ついでレシピ
簡単即席トマトスープ

余ったトマト缶½と玉ねぎ（スライス）、水200ml、コンソメ小さじ1、砂糖小さじ1、粉チーズ小さじ1を鍋に入れてじっくり煮込むと即席トマトスープが作れるよ！

＊パスタを1時間水につけておくことで、茹でこぼし不要で茹で上がる上にもっちり食感になります！
＊ソースを作るプロセスでパスタを一緒に煮ることで、麺にソースの味が染み込んで美味しくなります
＊途中で蓋を取って混ぜながら煮上がり具合を確認してください
＊トマトの酸味とケチャップ、みりんの甘みで深い味わいになります

麺類

1 パスタは半分に折り、水（分量外）に浸ける。玉ねぎはみじん切りにし、水とともに電子レンジで加熱する

18cmほどの長さの容器に / 水 パスタがつかるくらい / パスタ80g / 1時間

耐熱容器に / 水 大1 / 玉ねぎ½個 / ラップをして / チンッ / 4分

2 にんにくをみじん切りにし、玉ねぎ、ひき肉とともに中火で炒める

フライパンに / ひき肉80g / にんにく1かけ / オリーブオイル大1 / 肉の色が変わるまで / 中火

3 酒、みりんを入れて蓋をして強火にする

酒200㎖ / みりん小1 / 蓋をして 2〜2分30秒 / 強火

4 水気を切ったパスタ、カットトマト、コンソメを加えて煮て、仕上げに塩こしょう、ケチャップを混ぜて完成

蓋をして 2分30秒 / カットトマト½缶 / コンソメ小1 / 芯がなくなるまで / 弱火と中火の間 / 塩こしょう2〜3ふり / ケチャップ大1

麺類
no. 5

俺のペペロンチーノ

材料(1人分)

- パスタ——100g
- にんにく——1かけ
- 赤唐辛子——1本

調味料
- 塩——35g
- 水——2ℓ

炒め用
- オリーブオイル——大さじ3

おすすめトッピング
- こしょう
- イタリアンパセリ

ついでレシピ
ガーリックオイル
フォンデュ風

余ったペペロンチーノのオイルソースに食パンやフランスパンをつけて食べても美味しいよ！

麺類

1 にんにくと赤唐辛子をスライス状に切る。水2ℓ、塩35gでパスタを茹で始める

2 フライパンにオリーブオイルを引き、にんにくと赤唐辛子を炒める

3 パスタの茹で汁を入れて、フライパンを回して混ぜる

4 茹でたパスタを入れて絡めて完成

＊パスタを塩茹でするときは水2ℓで塩35gがおすすめ

麺類
no. 6
大葉と粉チーズで作る
シンプルジェノベーゼ

ついでレシピ
パスタの代わりにたこやえび、茹でたじゃがいもをジェノベーゼソースと和えても美味しいよ！

* 大葉はスーパーで買うとだいたい1袋8〜10枚ぐらい
* 水小さじ1をかけることで粉々に刻みやすくなります！

材料 (1人分)

- パスタ——100g
- 大葉——1束

調味料
- 水——小さじ1
- 粉チーズ——大さじ1
- 塩こしょう——3〜5ふり
- 醤油——小さじ½

炒め用
- オリーブオイル——大さじ3

1
大葉に水をかけて包丁で粉々にたたく。パスタを茹で始める

2
オリーブオイルを引き、大葉、粉チーズを中火で炒める

3
茹でたパスタ、塩こしょう、醤油を入れて絡めて完成

麺類 no.7
レンジ de ナポリタン

麺類

ついでレシピ
オムナポリタン
上にオムレツをのせるとふわとろオムナポリタンになるよ！

材料(1人分)
- パスタ──80g
- ウインナー──2本
- ピーマン──1個

調味料
- 水──200㎖
- ☆顆粒コンソメ──小さじ1
- ☆ケチャップ──大さじ3
- ☆粉チーズ──大さじ1

おすすめトッピング
- 粉チーズ
- パセリ

ウインナー2本　ピーマン1個

1 ウインナーは輪切りに、ピーマンは細切りにする

18×12cmの耐熱容器にラップをして　水200㎖　パスタ80g
チンッ
表示のパスタの茹で時間＋1分

2 耐熱容器に半分に折ったパスタ、水、1を入れて電子レンジで加熱する

ケチャップ大3　粉チーズ大1　コンソメ小1

3 ☆を入れて絡めて完成

麺類 no. 8

塩昆布仕立ての
絶品和風カルボナーラ

麺類

材料(1人分)

- パスタ……100g
- ベーコン……20g
- にんにく……1かけ
- 卵黄……1個分

調味料
- ☆塩昆布……ひとつかみ(約5g)
- ☆牛乳……200mℓ
- ☆粉チーズ……大さじ1
- ☆和風だしの素……小さじ1
- ●黒こしょう……2〜3ふり

炒め用
- オリーブオイル……大さじ1

おすすめトッピング
- 粉チーズ
- パセリ

ついでレシピ
カリカリベーコンエッグ風（黄身なし）**おつまみ**

余ったベーコンと白身を一緒に焼くとカリカリベーコンエッグ風おつまみができるよ！

---

1 にんにくはスライス状に、ベーコンは一口大に切る

にんにく1かけ／ベーコン20g

2 オリーブオイルを引き、にんにく、ベーコンを中火で炒める

フライパンに オリーブオイル大1
脂がにじむまで
中火

3 ☆を入れて弱火にする。パスタを茹で始める

沸騰直前まで
牛乳200mℓ／粉チーズ大1／だしの素小1／塩昆布ひとつかみ

弱火

4 茹でたパスタを入れて中火で絡める

茹でたパスタ100g

器に盛って卵黄をのせ、黒こしょうをふりかけて完成

中火

麺類
no. 9

なすとひき肉の バター醤油パスタ

ついでレシピ
なすの生姜醤油
なすは余ったら水大さじ1かけてレンジでチンして生姜と醤油につけて食べても美味しいよ！

材料（1人分）
- パスタ……100g
- なす……小1本
- ひき肉……80g

調味料
- バター……大さじ1
- 醤油……大さじ1

炒め用
- バター……大さじ1

1 なすを一口大に切る。パスタを茹で始める

2 バターを引き、ひき肉→なすの順で入れて中火で炒める

3 茹でたパスタ、醤油、バターを入れて和えて完成

麺類
no.10

明太子の塩気とバターが絡み合う
明太クリームパスタ

ついでレシピ
明太マヨおにぎり
明太子とマヨを混ぜておにぎりの具にしても美味しいよ！

材料（1人分）
- パスタ……100g
- 明太子……½〜1腹（1本〜2本）
- 牛乳……100㎖

調味料
- マヨネーズ……小さじ1
- バター……小さじ1
- 麺つゆ……大さじ1

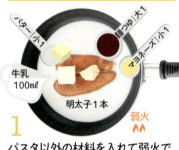

1 弱火
パスタ以外の材料を入れて弱火で煮込む

2 弱火
明太子を潰して混ぜる。パスタを茹で始める

3 中火
茹でたパスタを入れて、中火で絡めて完成

＊明太子に塩気があるのでパスタを茹でる時に塩は入れなくてOKです！
＊醤油の代わりに麺つゆを入れることで味に奥行きがでて美味しくなります！

麺類 no. 11

捨てる部分なし！
ねぎ香味油パスタ

材料(1人分)

- パスタ──100g
- 長ねぎ──½本

調味料
- 醤油──小さじ1
- 塩こしょう──3〜5ふり

炒め用
- ごま油──大さじ1

おすすめトッピング
- 三つ葉
- 糸唐辛子

アレンジレシピ
ごま油の代わりにオリーブオイルを使って赤唐辛子を入れると長ねぎのペペロンチーノになるよ！

麺類

長ねぎ½本

1. 長ねぎを白い部分と青い部分に分け、一口大に切る

熱したフライパンに

2. ごま油を引き、青い部分を弱火でじっくり炒める

香りが立つまで　弱火

1の白い部分

3. 白い部分を入れて炒める。パスタを茹で始める

しんなりするまで　弱火

4. 茹でたパスタ、醤油、塩こしょうを入れて中火で絡めて完成

中火

麺類

no. 12

手軽に本格中華!
麻婆ジャージャー麺

麺類

材料(1〜2人分)

- 中華麺……2玉
- 豚ひき肉……80g
- 麻婆豆腐の素(とろみ粉つき)……3食分

調味料
- 味噌……小さじ1
- ラー油……2〜3滴
- 水……200㎖

炒め用
- ごま油……大さじ1

おすすめトッピング
- きゅうり
- 白いりごま
- 糸唐辛子

アレンジレシピ

夏に使い切れなかった素麺を代わりに使ってもツルッとして美味しいよ!

* 麻婆豆腐の素を使うことで、複雑な調味料を使わずに簡単に美味しく作れます!
* 麻婆豆腐に付属のとろみ粉がない場合は、水100㎖＋片栗粉小さじ2を溶いた水溶き片栗粉を入れてください(入れる直前に用意するのがおすすめです)
* ピリ辛の味が好みの方は辛口の素を使ったり、ラー油の量を追加してみてください!

フライパンに油を熱して

1 ごま油を引き、ひき肉を中火で炒める

(ごま油 大1 / 豚ひき肉80g / 色が変わるまで / 中火)

2 一度火を止め、調味料すべて、麻婆豆腐の素、付属のとろみ粉を入れて中火で煮る

(味噌 小1 / ラー油 2〜3滴 / 水 200㎖ / 麻婆豆腐の素 3食分 / とろみ粉 3食分 / とろみがつくまで / 中火)

3 中華麺を茹でる

(中華麺2玉)

器に盛って2をかけて完成

麺類
no. 13

つい食べたくなるジャンクな味！
油そば

ついでレシピ
シフォンケーキ用の卵白貯金
卵白はラップで包んで冷凍しておくと、シフォンケーキを作るときの材料になるよ！
(→p.190)

材料(1人分)

- 即席中華麺(スープの素つき)——1食分
- 卵黄——1個分

調味料
- 即席中華麺に付属のスープの素——½袋
- にんにくチューブ——2〜3cm
- 醤油——小さじ½
- ごま油——小さじ½

おすすめトッピング
- 万能ねぎ
- 焼きのり
- 黒こしょう

1
器に調味料すべてを入れて混ぜる。中華麺を茹でる

2
中華麺を1のタレと混ぜる

＊食べる器でタレを混ぜてしまえば洗い物が少なくて楽
＊使用する即席中華麺の味は何でもOKです。お好きな味でお試しください
＊おすすめは塩味ととんこつ味です

麺類 no.14

冷やしカルボナーラ風ラーメン

ついでレシピ
オニオンベーコンスープ
余ったベーコンとスライス玉ねぎをバターでじっくり炒めて水200ml、コンソメ小さじ1/2を鍋に入れて煮詰めるとスープが作れるよ！

＊中華麺は即席麺でも可

材料（1人分）

- 中華麺……1玉
- ベーコン……20g
- 卵黄……1個分

調味料
- ☆牛乳……200㎖
- ☆顆粒コンソメ……小さじ1
- ☆粉チーズ……小さじ1
- 粗びき黒こしょう……2〜3ふり

1 ベーコンを一口大に切り、☆と混ぜる

2 中華麺を茹でてザルに上げ、氷水で冷やして水気を切る

3 中華麺を1に入れて混ぜる

器に盛って卵黄をのせ、黒こしょうをふりをかけて完成

麺類
no. 15

本格スープがレンジで完成！超時短の絶品
冷やしラーメン

材料(1人分)

- 中華麺──1玉
- カット鶏もも肉──100g

調味料

- 酒──大さじ3
- 麺つゆ──大さじ3
- ごま油──小さじ1
- にんにくチューブ──3cm
- 氷──2〜3個
- 好きなトッピング──煮卵やきゅうりなど

おすすめトッピング

- 煮卵
- きゅうり
- 白髪ねぎ

ついでレシピ
即席油そば

工程2の「粗熱を取る」と工程4の「氷水で冷やす」を省くと油そばになるよ！

＊中華麺は即席麺でも可
＊レンジで鶏を蒸すことで簡単にチャーシューっぽい肉ができます
＊蒸し上がった後の汁はそのまま鶏のだしが効いたスープとして利用できます
＊鶏肉を使用したさっぱりめの味に合わせて冷やしラーメンにしています。お好みで中華麺は氷水で締めず、湯切りだけして食べても美味しいです

麺類

1 器を冷蔵庫で冷やす。耐熱容器に鶏肉、麺つゆ、酒を入れて電子レンジで加熱する

耐熱容器に
鶏もも肉100g
酒 大3 / 麺つゆ 大3
ラップをして
チンッ
肉が赤くなくなるまで5分

2 1の汁を別の器に入れて粗熱を取る。麺を茹で始める

汁だけ冷ます

3 麺が茹で上がる直前に、2の汁にごま油、にんにくチューブ、氷を入れて混ぜる

ごま油 小1 / にんにく 3cm
氷2〜3個

4 中華麺は茹でてザルに上げ、氷水で冷やして水気を切る。器に入れて3をかけ、鶏肉をのせて完成

中華麺1玉

麺類
no. 16

手作りソースが秘訣!
屋台風焼きそば

材料(1人分)

- ●焼きそば麺──1玉
- ●キャベツ──1枚
- ●豚こま切れ肉──50g

調味料
- ☆中濃ソース──大さじ1
- ☆醤油──小さじ1
- ☆酒──小さじ1
- ☆和風だしの素──小さじ½
- ●塩こしょう──3ふり

焼き用
- ●ごま油──大さじ1

おすすめトッピング
- ●青のり
- ●紅しょうが

1 キャベツは一口大に切る。☆は混ぜる

フッ素樹脂加工のフライパンに油を熱して

2 焼きそば麺をほぐさずに中央に置き中火で焼く

3 麺をひっくり返し、周りに豚肉、キャベツの順で入れて焼く

4 1のソース、塩こしょうを入れて炒めて完成

ついでレシピ
キャベツのコールスロー

余ったキャベツを千切りにしてレンチンして水気を切ってマヨとからしと混ぜるとコールスローの完成

＊焼きそば麺を両面焼くことで、屋台の鉄板で焼いたような香ばしさを出すことができます
＊☆の割合で調味料を混ぜることで家庭でも絶品ソースが出来上がります

究極のおかず

ボリュームのある肉料理や、
凝った見た目のおかずが食卓にあると嬉しいですよね。
この章では「あと1品欲しい！」という時や「今日のごはん何にしよう？」
という時に役立つおかずをご紹介。
見栄えのいいおかずだからこそ、簡単に作れるようなレシピに仕上げました。
簡単ですぐできる、しかも美味しい！　そんな頼れるおかずです。

おかず
no. 1

手抜きなのにしっかり美味しい
えびマヨ

おかず

材料(1人分)

- むきえび──100g

調味料
- にんにくチューブ──3cm
- マヨネーズ──大さじ1
- ケチャップ──大さじ1
- 小麦粉──大さじ1

炒め用
- ごま油──大さじ1

おすすめトッピング
- イタリアンパセリ

1 にんにくチューブ、ケチャップ、マヨネーズを混ぜ合わせる

2 えびは洗って水気をふき、小麦粉をまぶす

フライパンに油を熱して

3 ごま油を引き、えびを中火で炒める

えびが赤くなるまで

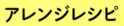
中火

4 えびを1に入れて混ぜて完成

＊えびを炒める前にしっかり水気を切りましょう！油が跳ねます！

> **アレンジレシピ**
> えびマヨのレタス巻き
> レタスの上にえびマヨをのせて手巻きにしても美味しいよ！

おかず no.2

とろーりチーズと
肉の絡みがたまらない！
チーズテジカルビ

材料(2人分)

- 豚こま切れ肉……100g
- キムチ……100g

調味料
- ☆にんにくチューブ……3cm
- ☆酒……大さじ1
- ☆醤油……小さじ½
- ピザ用チーズ……好きなだけ(約50g)

炒め用
- ごま油……大さじ1

> **ついでレシピ**
> シメのキムチ焼き飯
> 余ったチーズテジカルビはご飯と一緒に炒めるとキムチ焼き飯になるよ！

おかず

フライパンに油を熱して

1 ごま油を引き、豚肉、キムチを中火で炒める

（こま油 大1／豚肉100g／キムチ100g／肉の色が変わるまで／中火）

2 ☆を入れてさらに炒める

（醤油 小½／酒 大1／にんにく 3cm／中火）

3 チーズをかけて蓋をし、弱火でチーズが溶けてきたら完成

＊チーズをかけた後は弱火でじっくりチーズがとろーりするのを待ちましょう！

（蓋をして／チーズ好きなだけ／チーズがとろーりするまで／弱火）

おかず
no. 3

手羽先の甘しょっぱ揚げ焼き

おかず

材料（1〜2人分）

- 鶏手羽先 —— 7〜10本

調味料
- 塩こしょう —— 4ふり
- 片栗粉 —— 大さじ2
- ☆醤油 —— 大さじ1
- ☆酒 —— 大さじ1
- ☆みりん —— 大さじ1
- ☆砂糖 —— 小さじ1

揚げ焼き用
- サラダ油 —— フライパンの底から5mmほどの量

おすすめトッピング
- 白いりごま

1 手羽先の両面に塩こしょう2ふりずつしっかり塗る

鶏手羽先8本

2 ポリ袋に手羽先、片栗粉を入れて揉み込む

ポリ袋に

3 サラダ油を温め、手羽先を並べ入れて両面じっくり焼く。火を止めてキッチンペーパーで油を拭き取る

フライパンに油を熱して
肉に火が通るまで
こんがり色づくまで
キッチンペーパーで
弱火と中火の間

4 混ぜた☆を入れ、中火で絡めて完成

中火

ついでレシピ
手羽先のり塩焼き
手羽先が余ったら、小麦粉と青のりを混ぜたものをつけて塩こしょうをかけて焼くとのり塩焼きが作れるよ！

no. 4
おかず

究極の
ポテトサラダ

おかず

材料(1人分)

- じゃがいも……2個
- ゆで卵……1個

調味料
- 水……大さじ1
- ☆練りがらしチューブ……3cm
- ☆マヨネーズ……大さじ3
- ☆酢……小さじ1
- ☆砂糖……小さじ1
- ☆和風だしの素……小さじ½
- ☆塩こしょう……2ふり

おすすめトッピング
- サニーレタス
- パセリ

ついでレシピ
ポテトサンド
食パンにポテトサラダを挟んでも美味しいよ！

＊じゃがいもは加熱した後はすぐにつぶしましょう。熱い状態でつぶすことで、でんぷん質の粒が壊れないのでホックホクに仕上がります
＊きゅうりやにんじんなどを入れても彩りが綺麗になりますし、一層美味しくなります！

1 じゃがいもを一口大に切る

2 耐熱容器に水とじゃがいもを入れ、電子レンジで6分加熱する

3 じゃがいもをマッシャーでつぶす

4 ゆで卵と☆を入れて崩しながら混ぜて完成

おかず no. 5

サクサク食感の自家製
フライドチキン

おかず

材料（1〜2人分）

- 鶏手羽元……4〜5本（約300g）

調味料
- ☆卵……1個
- ☆しょうがチューブ……6cm
- ☆にんにくチューブ……6cm
- ☆牛乳……100㎖
- ☆醤油……大さじ1
- ●小麦粉……50g
- ●塩こしょう……大さじ1

揚げ用
- ●サラダ油……フライパンの底から5cmほどの量

おすすめトッピング
- ●レモン

1 容器に手羽元と☆を入れて混ぜ、10分漬け込む

2 小麦粉と塩こしょうを混ぜて手羽元につける

フライパンに油を熱して
（粉が上がってくるくらいの温度に）

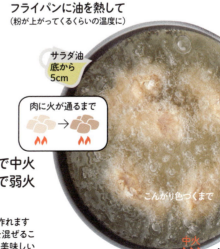

3 焦げ目がつくまで中火で、火が通るまで弱火で揚げて完成

＊鶏手羽先でも同様に作れます
＊小麦粉に塩こしょうを混ぜることで衣がスパイシーで美味しい仕上がりになります！

ついでレシピ
手羽元のコーラ煮
手羽元が余ったらコーラ200㎖と醤油大さじ1で煮込むと手羽元のコーラ煮ができるよ！

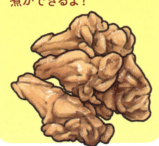

おかず no.6

オーブントースターで完成！
揚げない簡単カツレツ

アレンジレシピ
えびフライ風カツ
豚ロースの代わりにえびを使うとえびフライ風のカツが作れるよ

材料（1人分）

- 豚ロース肉……1枚

調味料
- パン粉……大さじ2
- オリーブオイル……大さじ2
- 粉チーズ……大さじ1
- 塩こしょう……2ふり

おすすめトッピング
- サニーレタス
- トマト
- パセリ

1 豚肉の両面に塩こしょうを塗る

2 パン粉、オリーブオイル、粉チーズを混ぜ合わせる

3 豚肉に2をしっかり押し付けるようにしてつけ、オーブントースターで10分焼いて完成

おかず no.7

丸めず揚げない油もいらない！
超簡単オープンコロッケ

ついでレシピ
じゃがいものバター醤油おやき
余ったコロッケを一つに丸めてフライパンでバター醤油で焼くとおやきになるよ

＊じゃがいもを器に敷き詰める時は押し付けるようにいれましょう

材料（1〜2人分）
- じゃがいも——2個
- 玉ねぎ——½個

調味料
- 水——大さじ1
- 塩こしょう——2ふり
- 牛乳——大さじ1
- パン粉——大さじ3
- 中濃ソース——好きなだけ

1
じゃがいもは一口大に切り、玉ねぎは粗みじん切りにする。水とともに電子レンジで加熱する

2
じゃがいもを潰しながら玉ねぎと混ぜる。塩こしょう、牛乳を加えてスプーンで押すように混ぜ、器に敷き詰める

3
油を引かずにパン粉を炒め、2にかけて完成。中濃ソースをかけていただく

おかず
no. 8
温玉シーザーサラダ

おかず

材料(1人分)

- レタス——3〜4枚
- トマト——1個
- 温泉卵(市販)——1個

シーザードレッシング

- にんにくチューブ——3cm
- マヨネーズ——大さじ2
- 牛乳——大さじ1
- 粉チーズ——大さじ1
- 酢——小さじ1
- 黒こしょう——2ふり

おすすめトッピング
- クルトン
- 粉チーズ
- イタリアンパセリ
- 黒こしょう

アレンジレシピ
クルトン
オリーブオイルで余ったパンの耳を軽く炒めてトッピングに！

1 シーザードレッシングの材料すべてを混ぜ合わせる

2 レタスは一口大にちぎり、トマトは一口大に切る

3 レタス、トマトを盛り、1をかける

温泉卵をのせて完成

おかず no. 9

まろやかな旨みがたっぷり染み込んだ
肉豆腐

材料(1〜2人分)

- 牛バラ肉……100g
- 豆腐……1丁
- 玉ねぎ……½個

調味料

- 醤油……大さじ3
- みりん……大さじ1
- 酒……大さじ1
- 砂糖……大さじ1
- 和風だしの素……小さじ½
- 水……100㎖

1
牛肉、豆腐は一口大に、玉ねぎはスライス状に切る

蓋をして 約10分 弱火と中火の間

2
フライパンに1と調味料すべてを入れ、蓋をして煮て完成

ついでレシピ
即席！ぶっかけ肉うどん
冷凍うどんをチンして、肉豆腐と麺つゆをかければ即席ぶっかけ肉うどんが作れるよ！

おかず no. 10

レンジで作れる
本格だし巻き玉子

アレンジレシピ
にら玉風だし巻き玉子
刻んだニラを30秒レンチンしてしぼって一緒に混ぜて作るとニラ玉風だし巻き玉子になるよ！

＊ラップを使うことで、カンタンに厚焼き玉子っぽい形に丸めることができます

材料（1〜2人分）

- 卵……2個

調味料
- みりん……大さじ1
- 砂糖……小さじ2
- 醤油……小さじ½
- 和風だしの素……小さじ½
- 水……大さじ1

1 耐熱容器に材料すべてを入れて混ぜ、電子レンジで加熱する

フワッとふくらむまで
様子を見ながら30秒ずつプラス

2 電子レンジから取り出して混ぜ、さらに加熱する

3 ラップで丸め、放置する。その後ラップを外し、2〜3cm幅に切って完成

おかず

おかず
no. 11

ごはん何杯でもイケる
油淋鶏

おかず

材料(1人分)

- カット鶏もも肉──200g

調味料
- 醤油──大さじ1
- 酒──大さじ1
- 片栗粉──大さじ2

揚げ焼き用
- サラダ油──大さじ3

ねぎソース
- 長ねぎ──½本
- 酒──大さじ1
- 砂糖──大さじ1
- 酢──大さじ1
- 醤油──大さじ2

おすすめトッピング
- 赤唐辛子
- 白髪ねぎ
- 白いりごま

アレンジレシピ
油淋鶏丼
ご飯の上に油淋鶏と温泉卵をのせて油淋鶏丼を作っても美味しいよ！

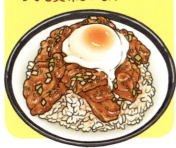

1 器に鶏肉、醤油、酒を入れて漬け込む。長ねぎを粗みじん切りにする

2 1の鶏肉に片栗粉をまぶす

フライパンに油を熱して

3 サラダ油を引いて、鶏肉を弱火と中火の間で揚げ焼きにする

蓋をして

4 フライパンの油をキッチンペーパーでふき取り、ねぎソースの材料を入れ、中火で絡めて完成

おかず
no. 12

豚肉の洋風手抜き炒め

おかず

材料(1人分)

- 豚こま切れ肉……150g
- 玉ねぎ……½個

調味料

- ケチャップ……大さじ1
- ウスターソース……大さじ1
- 塩こしょう……2〜3ふり

炒め用

- サラダ油……大さじ1

おすすめトッピング

- 万能ねぎ
- 白いりごま

1 玉ねぎをスライス状に切り、電子レンジで加熱する

耐熱容器に
玉ねぎ½個
ラップをして
チンッ
3分

2 サラダ油を引き、玉ねぎ、豚肉を中火で炒める

熱したフライパンに
サラダ油 大1
豚こま切れ肉 150g
肉の色が変わるまで
中火

3 調味料すべてを入れて絡めて完成

ケチャップ 大1
ウスターソース 大1
塩こしょう 2〜3ふり

＊ウスターソースの代わりにオイスターソースを使うと濃厚でさらにこってりした味付けになります

中火

アレンジレシピ

ソースとケチャップがない時は、お酒と醤油で和えて野菜炒めにしても美味しいよ！

おかず
no. 13

家庭で本格中華が味わえる！
絶品よだれ鶏

おかず

材料(1〜2人分)

- 鶏むね肉……1枚
- 長ねぎ……1/3本

ソース
- にんにくチューブ……3cm
- 醤油……大さじ1
- 酢……大さじ1
- みりん……小さじ1
- ラー油……小さじ1

炒め用
- ごま油……大さじ1

おすすめトッピング
- トマト
- アーモンド
- くるみ
- 万能ねぎ

アレンジレシピ

余ったよだれ鶏はタレごとレタスと混ぜれば、ピリ辛よだれ鶏サラダになるよ！

＊肉の厚さによって火の通り具合は異なります。様子を見ながら時間を調整してみてください

1
沸騰させた湯に鶏肉を入れ、蓋をして火をつけずに放置する

沸騰した湯を入れた鍋に
湯 1.5ℓ (分量外)
鶏肉1枚
竹串を刺して透明な汁が出ればOK
蓋をして 30〜35分 火はつけない

2
ソースの材料を混ぜる

醤油/大1　酢/大1　にんにく/3cm　みりん/小1　ラー油/小1

3
長ねぎをみじん切りにして中火で炒め、2のソースを入れて一煮立ちさせる

ごま油/大1　長ねぎ1/3本　中火
フライパンに油を熱して
中火

4
1の鶏肉を取り出して1cmの厚さに切り、器に盛りソースをかけて完成

おかず no. 14

スーパーで安く買った肉が大変身！
極上のステーキ

おかず

材料(1人分)

- 牛ステーキ肉……1枚(約200g)
- 玉ねぎ……½個

調味料

- 塩こしょう……6ふり
- 砂糖……小さじ1
- ☆にんにくチューブ……2cm
- ☆醤油……大さじ1
- ☆酒……大さじ1

焼き用

バター……小さじ1

おすすめトッピング

- こふきいも
- スイートコーン
- パセリ

アレンジレシピ

残った½個の玉ねぎはスライスにしてソースと一緒に炒めると付け合せにもなってボリューム感がでるよ！

＊すりおろした玉ねぎに漬け込んでおくと肉が柔らかくなる上に、すりおろした玉ねぎはそのままステーキソースとして使えるので一石二鳥です！

1　牛肉の両面に格子状の切れ目を入れ、塩こしょうを3ふりずつ塗る

2　玉ねぎをすりおろして砂糖と混ぜ、1を常温で漬け込む

30分

3　フライパンにバターを溶かして、バターを引き、2の両面を好みの加減に強火で焼き、器に盛る

レアなら 1 分 + 裏返して 45 秒　強火

4　同じフライパンに、2の玉ねぎ、☆を入れて強火で煮立たせ、ステーキにかけて完成

強火

おかず
no. 15

ホワイトソースまでまるごと手作りの
クリームシチュー

おかず

材料（3〜4人分）

- カット鶏もも肉……200g
- 玉ねぎ……¼個
- にんじん……½本
- じゃがいも……1個

調味料

- 水……400㎖
- 顆粒コンソメ……小さじ2
- 塩こしょう……3〜4ふり
- ピザ用チーズ……2〜3つかみ（約20g）

ホワイトソース

- バター……25g
- 小麦粉……25g
- 牛乳……200㎖

おすすめトッピング

- パセリ
- 粗びき黒こしょう

ついでレシピ
クラムチャウダー
余ったクリームシチューにお酒大さじ1、牛乳100㎖、あさりを入れて強火で温めアルコールを完全に飛ばすとクラムチャウダーが作れるよ！

1
玉ねぎ、にんじん、じゃがいもを一口大に切り、鶏肉、水とともに中火で煮る

2
バター、小麦粉を電子レンジで加熱し混ぜる。牛乳を加えて混ぜ、加熱する。もう一度混ぜ、加熱する。最後によく混ぜる

3
1に2のソース、コンソメ、塩こしょうを入れ、混ぜながら弱火と中火の間で煮る

4
弱火にしてピザ用チーズを入れ、溶けたら完成

おかず no.16

身近な素材だけで作れる超本格!
麻婆豆腐

材料(2人分)

材料
- ひき肉……100g
- 豆腐……1丁
- 長ねぎ……½本

調味料
- にんにくチューブ……3cm
- みりん……大さじ1
- 味噌……小さじ2
- 醤油……小さじ2
- ケチャップ……小さじ2
- ラー油……小さじ1
- 和風だしの素……小さじ½
- 水……100㎖

水溶き片栗粉
- 片栗粉……小さじ2
- 水……小さじ2

炒め用
- ごま油……大さじ1

おすすめトッピング
- 万能ねぎ

ついでレシピ
麻婆焼きそば
焼きそばを両面こんがり焼いて、余った麻婆豆腐をかけると麻婆焼きそばになるよ！

おかず

1 豆腐の水気をキッチンペーパーで拭き、1cm角に切る。長ねぎは粗みじん切りにする

豆腐1丁　　長ねぎ½本

フライパンに油を熱して

2 ごま油を引き、ひき肉、長ねぎを中火で炒める

ごま油 大1　ひき肉100g
肉の色が変わるまで
中火

3 1の豆腐と調味料すべてを加えてそっと混ぜる

にんにく 3cm　ラー油 小1　だしの素 小½
みりん 大1
味噌 小2　1の豆腐
醤油 小2　水 100㎖
ケチャップ 小2
全体になじむまで
中火

4 水で溶いた片栗粉を入れ、軽く混ぜて完成

片栗粉 小2
水 小2

とろみがつくまでそっと混ぜる
中火

＊辛いのが好きな方はラー油の量を大さじ1にするとピリッとアクセントの効いた麻婆豆腐になります。

おかず no. 17

レンジでおふくろの味を再現！
レンチン肉じゃが

材料（1人分）

- 牛こま切れ肉——100g
- 玉ねぎ——¼個
- にんじん——3cm
- じゃがいも——1個

調味料

- 醤油——大さじ2
- 酒——大さじ2
- みりん——大さじ2
- 砂糖——小さじ1
- 水——100ml

1
玉ねぎ、にんじん、じゃがいもを一口大に切る

2
1と牛こま切れ肉、調味料すべてを容器に入れ電子レンジで加熱して完成

ついでレシピ
にんじんマリネ
余ったにんじんを千切りにしてレンジで加熱。お酢とオリーブオイルと塩こしょうを混ぜるとマリネが作れるよ！

おかず no.18 モチモチれんこん餅

ついでレシピ
れんこんの
シャキシャキソース炒め
れんこんを薄切りにして、塩こしょうとソースで炒めても美味しいよ！

＊みりんと醤油1:1のタレを絡めても美味しい！
＊ポン酢を付けてさっぱり食べるのもおすすめです！
＊作る段階で塩を練り込んで塩味の餅にしても美味しい！

材料（1人分）

- れんこん……135g（10cm弱）

調味料
- 片栗粉……大さじ2

焼き用
- ごま油……小さじ1

おすすめトッピング
- 醤油
- 刻みのり
- 万能ねぎ

1
れんこんをすりおろし、片栗粉と混ぜる

フライパンに

中火

2
1を4等分にして厚さ1cmほどの丸型に整えて、ごま油を引き両面を中火で焼く

おかず
no. 19

カリカリ食感の美味しい
レバーからあげ

おかず

材料 (1人分)

- 豚レバー──200g

調味料
- しょうがチューブ──3cm
- 醤油──大さじ1
- 酒──小さじ1
- 片栗粉──大さじ2

揚げ焼き用
- サラダ油──フライパンの底から1.5cmほどの量

おすすめトッピング
- チャービル

1 豚レバー、しょうが、醤油、酒を合わせて冷蔵庫で漬ける

2 1の汁気をきって片栗粉をまぶす

3 サラダ油を熱したら、焦げ目がつくまで中火で、火が通るまで弱火で揚げて完成

＊レバーはスーパーで売っている焼肉用の薄いものを使うと美味しく揚がります

フライパンに油を熱して
（粉が上がってくるくらいの温度に）

ついでレシピ
スパイシーカレー風からあげ
漬け込む時にカレー粉小さじ2を追加すると、スパイシーカレー風唐揚げになるよ！

完璧なごはん

やっぱり「食べた気になる」料理と言えばごはんもの。
炒飯や丼ものは食べ終わった後の満腹感も魅力ですよね。
チキンライス、焼きおにぎりの他、
「一味違う卵かけごはん」などを集めました。
見た目の豪華さの割に「炊くだけ」で完成するパエリアも
この章で紹介しています。

ご飯 no.1
絶品！
王道のふわとろ親子丼

材料（1人分）

- 温かいご飯……150g（茶碗1杯分）
- 鶏もも肉……60g
- 玉ねぎ……¼個
- 卵……2個

調味料
- 醤油……大さじ1
- みりん……大さじ1
- 砂糖……小さじ1
- 和風だしの素……小さじ1
- 湯……50㎖

炒め用
- サラダ油……大さじ1

おすすめトッピング
- 三つ葉

アレンジレシピ

卵を2回目に入れる時にピザ用チーズも入れると洋風ふわとろチーズ親子丼になるよ

＊卵を2回に分けてかけるとふわとろ食感になります

1 鶏肉は一口大に、玉ねぎは薄切りにし、サラダ油を引いて中火で炒める

2 調味料すべてを入れて煮立たせる

3 卵を溶き、半分を回し入れたら蓋をして弱火で煮る

4 残りの溶き卵を全体に入れ、お好みの半熟加減まで煮る

器にご飯を盛り、4をのせて完成

ご飯 no. 2

ピリ辛でクセになる！
ペペロンチャーハン

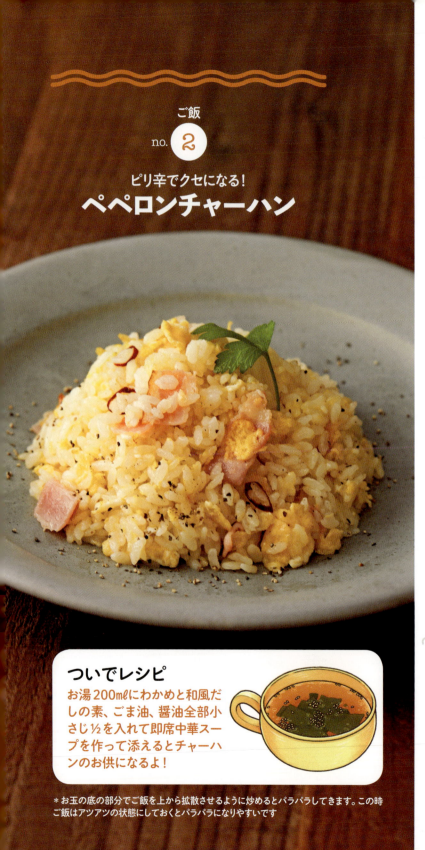

ついでレシピ
お湯200mlにわかめと和風だしの素、ごま油、醤油全部小さじ½を入れて即席中華スープを作って添えるとチャーハンのお供になるよ！

＊お玉の底の部分でご飯を上から拡散させるように炒めるとパラパラしてきます。この時ご飯はアツアツの状態にしておくとパラパラになりやすいです

材料(1人分)

- 温かいご飯……200g
- ベーコン……20g
- にんにく……1かけ
- 赤唐辛子……1本
- 卵……1個

調味料
- 塩こしょう……2〜3ふり

炒め用
- オリーブオイル……大さじ2

1
ベーコンは一口大に、にんにくと赤唐辛子は輪切りにする。卵を溶く

フライパンに

中火

2
オリーブオイルを引き、にんにく、赤唐辛子、ベーコンを中火で炒める

お玉で潰すように

強火

3
溶き卵、ご飯を加え強火で炒める。塩こしょうをふって完成

ごはん

ご飯 no.3
マイルドな辛さがたまらない！
キムマヨチャーハン

アレンジレシピ
納豆キムチマヨチャーハン
炒める時に納豆を追加しても美味しいよ

材料（1人分）

- 温かいご飯……200g
- 豚こま切れ肉……70g
- キムチ……50g
- 卵……1個

調味料
- マヨネーズ……大さじ1

炒め用
- ごま油……大さじ2

1 卵を溶く

熱したフライパンに ごま油 大2／マヨネーズ 大1／豚肉 70g／キムチ 50g
豚肉の色が変わるまで　中火

2 ごま油を引き、豚肉、キムチ、マヨネーズを中火で炒める

ご飯 200g　強火

3 溶き卵、ご飯を加え、お玉で軽く潰すように強火で炒める

ご飯
no. 4

懐かしの
チキンライス

ごはん

材料 (1人分)

- 温かいご飯 — 200g (丼1杯分)
- 鶏もも肉 — 70g
- 玉ねぎ — ¼個
- 卵 — 1個

調味料
- ケチャップ — 大さじ3
- 酒 — 大さじ1
- 酢 — 小さじ1
- 醤油 — 小さじ½

炒め用
- サラダ油 — 大さじ1＋小さじ1

おすすめトッピング
- 茹でたブロッコリー
- ミニトマト
- パセリ

ついでレシピ

調味料をカレー粉小さじ1、コンソメ小さじ1、塩こしょう2ふりにしてカレーピラフにしても美味しいよ！

1. 調味料すべてを電子レンジで1分加熱し、混ぜる

2. 鶏肉は一口大に切り、玉ねぎは薄切りにし、サラダ油を引き中火で炒める

3. 火を止めて、ご飯、1を加えて手早く混ぜ、器に盛る

4. サラダ油を引き、目玉焼きを作り、ご飯にのせて完成

ご飯
no. 5

海鮮居酒屋風
あじのなめろう丼

ついでレシピ
シメのあじ茶漬け
だしの素小さじ½と水150mlを煮立たせてかけるとシメのあじ茶漬けが作れるよ！

材料(1人分)

- ご飯——150g(茶碗1杯分)
- 刺身用あじ——2枚(約85〜90g)
- 長ねぎ——3cm

調味料
- しょうがチューブ——3cm
- 味噌——大さじ1
- 醤油——2〜3滴

おすすめトッピング
- 万能ねぎ
- 白いりごま

あじ2枚　長ねぎ3cm

1
あじは包丁で細かく叩く。長ねぎは粗みじん切りにする

2
しょうが、味噌を加えて一緒に叩く

3
器にご飯を盛って2をのせ、醤油をかけて完成

ごはん

ご飯 no.6

タレにこだわった
マグロの漬け丼

ついでレシピ
マグロの漬けステーキ
マグロが余ったらごま油でそのまま軽く表面を焼いて、漬けステーキにしても美味しいよ

材料（1人分）

- ご飯──150g（茶碗1杯分）
- 刺身用マグロ切り落とし
  ──1パック（約90g）

調味料
- みりん──大さじ1
- 酒──大さじ1
- 醤油──大さじ2

おすすめトッピング
- 白髪ねぎ
- もみのり
- わさび

耐熱容器に

1
みりん、酒を電子レンジで50秒〜60秒加熱する

2
醤油を混ぜながら加え、冷ます

3
マグロを加えて絡める

器にご飯を盛って3をのせ、汁を少しかけて完成

ご飯
no. 7

本格しらす丼

材料(1人分)

- ご飯 —— 100g（茶碗に軽く1杯分）
- しらす —— 30g

調味料

- ごま油 —— 小さじ½
- 醤油 —— 2〜3滴

おすすめトッピング

- 万能ねぎ
- 刻みのり

1 器にご飯を盛り、しらすをのせる

2 ごま油、醤油を全体にかける

ついでレシピ
しらすトースト
余ったしらすはパンにのせてマヨネーズをかけてトーストしても美味しいよ！

ごはん

ご飯 no. 8

中までしっとり美味しい
焼きおにぎり

材料(1人分)

- ご飯──200g（丼1杯分）

調味料
- 醤油──大さじ1・½
- みりん──小さじ1
- ごま油──小さじ1
- 和風だしの素──小さじ½

1 すべての材料を混ぜる

フッ素樹脂加工のフライパンで
焼き色がつくまで　中火

2 おにぎりの形に握って、両面を中火で焼いて完成

＊油は使わずに焼きます

ついでレシピ
だし茶漬け
焼きおにぎりに塩昆布とわさびとお湯をかけてほぐすと、だし茶漬けになるよ！

ご飯
no. 9

魚介の旨みを凝縮！
地中海風の超本格パエリア

ごはん

材料（3〜4人分）

- 米……2合
- 玉ねぎ……½個
- あさり……150g
- 有頭えび……7尾

調味料
- 酒……300㎖
- 顆粒コンソメ……小さじ1
- カレー粉……小さじ1
- 塩こしょう……3ふり
- 水……200㎖

炒め用
- オリーブオイル……大さじ1

ついでレシピ
海鮮ドリア
残ったパエリアにチーズをのせてオーブントースターで焦げ目がつくまで焼くと海鮮ドリアになるよ！

＊お米は洗わずに使います
＊カレー粉を小さじ1と少量だけ入れることで、味を付けるためではなく彩りとして、パエリアの黄色を出すために使うことができます。こうすることで魚介だしがカレー粉の風味に邪魔されることなく、色合いのみが綺麗に仕上がります

1 玉ねぎを薄切りにし、オリーブオイルを引いて中火で炒める

2 米、あさり、えびと調味料すべてを入れて蓋をして10分炊く

3 弱火にして10分蒸し、火を止めて5分放置して完成

ご飯
no. 10

ボリューム満点！
スタミナ豚玉丼

ごはん

材料(1人分)

- 温かいご飯 — 150g（茶碗1杯分）
- 豚バラ肉 — 100g
- 玉ねぎ — ½個
- 卵黄 — 1個分

調味料
- しょうがチューブ — 2cm
- 醤油 — 大さじ1
- 酒 — 大さじ1
- みりん — 大さじ1
- 砂糖 — 小さじ1

炒め用
- サラダ油 — 大さじ1

おすすめトッピング
- 万能ねぎ

ついでレシピ
味噌汁付き定食
残った玉ねぎと豚バラで味噌汁（水1カップ、だしの素小さじ½、味噌小さじ2を煮る）を作れば味噌汁付き豚玉丼定食になるよ！

1
豚肉は一口大に切り、玉ねぎは薄切りにする

豚バラ肉100g　玉ねぎ½個

2
サラダ油を引き、1を中火で炒める

フライパンに油を熱して

サラダ油 大1
肉の色が変わるまで　中火

3
調味料すべてを加えて絡め、ひと煮立ちさせる

しょうが 2cm／醤油 大1／酒 大1／みりん 大1／砂糖 小1
中火

器にご飯を盛り、3と卵黄をのせる

ご飯
no. 11

伝説の
卵かけご飯(改)

ごはん

材料（1人分）

- 温かいご飯……150g（茶碗1杯分）
- 卵……1個

調味料

- 醤油……小さじ1
- 砂糖……小さじ½
- 和風だしの素……ひとつまみ

1. 卵を卵黄と卵白に分ける

2. 卵白に調味料すべてを加える

3. 箸を使って2を1分30秒全力で混ぜる

器にご飯を盛り、3と卵黄をのせる。卵黄を崩していただく

ついでレシピ
焼きTKG（卵かけご飯）

余った卵かけご飯は混ぜて固めて、フライパンにバターを溶かして薄く焼くと美味しいよ！

* 巷で一番美味しいと言われる、メレンゲ型卵かけご飯（通称エアリー）を研究し、さらに進化させた最高の卵かけご飯です
* メレンゲのボリューム感で満足感がありすぎて、一度食べて「美味しいけどもういいや」とならないように、絶妙なボリューム感とそれに最適な味付けを追い求め、1日に卵50個を消費する日までありました。そうしてたどりついたまさに伝説の味！

気軽な
一品料理

麺類、ごはんもの以外にも、ボリュームと美味しさを
兼ね備えた料理はたくさん。
この章ではピザ、サンドイッチなど軽食としても嬉しい料理などを紹介。
お好み焼き、チヂミなどの粉ものにも、
少ない手間で美味しく食べられる工夫を詰め込みました。
大勢でワイワイつまむ時にもおすすめです。

一品料理 no.

衝撃のもちもち食感！
長いもお好み焼き

材料（1人分）

- 長いも……1/6本（70g）

調味料
- 小麦粉……75g
- 水……75㎖
- お好み焼きソース……大さじ1・1/2
- マヨネーズ……大さじ1
- 青のり……大さじ1

焼き用
- サラダ油……大さじ1/2

おすすめトッピング
- 削り節

> **ついでレシピ**
> 居酒屋風おつまみ！
> 長いもわさび
> 残った長いもを千切りにしてわさび醤油で和えても美味しいよ！

* フライパンが大きければ全体に広がっていくので火は通りやすいですが、ひっくり返しにくくなります。2回に分けて焼いてもいいでしょう
* 長いもを入れることで生地がもちもちになり、お店で食べるようなもちもち食感になります！

一品料理

1 長いもをすりおろす

長いも1/6本

2 器に1、小麦粉、水を入れてダマがなくなるまで混ぜる

水 75㎖　小麦粉 75g

3 サラダ油を引き、2を焼き色がつくまで中火で焼く

フライパンに油を熱して（湯気が立つくらい）

サラダ油 大さじ1/2
焼き色がつくまで　4分　中火

4 ひっくり返し、裏面を弱火で焼く

約5分　弱火

器に移したらお好み焼きソース、マヨネーズ、青のりの順でかけて完成

一品料理 no.2

まるでたこ焼き!?
フライパンで作る
たこ好み焼き

一品料理

材料（1〜2人分）

- たこ……30g
- 卵……1個

調味料
- 小麦粉……60g
- 麺つゆ……大さじ1
- 水……200㎖

焼き用
- サラダ油……大さじ1

おすすめトッピング
- 削り節
- 青のり
- 紅しょうが
- マヨネーズ

1 たこを1㎝角に切る。たこ、卵、調味料すべてを混ぜ合わせる

2 サラダ油を引いて、1を入れ、蓋をして焼き色がつくまで弱火で焼く（5分 弱火）

3 ひっくり返したら今度は蓋をせずに焼く（7分 弱火 蓋はしない）

4 一口大に切って完成

ついでレシピ
だし汁入れて明石焼き

だしの素小さじ½、水150㎖を煮立たせてかけると、明石焼きが作れるよ！

＊お皿をフライパンにあててひっくり返して皿に取り出し、スライドさせるようにフライパンに戻すと簡単に裏返せる！
＊楊枝で食べるとたこ焼きっぽくなります

一品料理
no. 3

チーズをかければかけるほどウマい
はちみつピザ

一品料理

生地材料（1枚分）

- ☆小麦粉（強力粉）——150g + 大さじ1〜3（打ち粉用）
- ☆オリーブオイル——大さじ1
- ☆砂糖——小さじ1
- ●牛乳——80㎖

焼き用
- ●オリーブオイル——大さじ1

材料

- ●ピザ用チーズ……好きなだけ（約40g）
- ●はちみつ……好きなだけ（約20g）

おすすめトッピング
- ●くるみ
- ●粗びき黒こしょう
- ●パセリ

ついでレシピ
マヨコーンピザ
はちみつをかける代わりに、マヨとコーンをかけても美味しいよ！

＊生地は通常はぬるま湯で作りますが、代わりに牛乳を使うことでふんわり食感になります

---

1 ボウルに☆を入れて混ぜ、牛乳を少しずつ加えながら手で7分揉み込む。冷蔵庫で10分寝かせる

ボウルに / 強力粉150g / 砂糖 小1 / オリーブオイル 大1 / 牛乳 80㎖ / 7分
ラップをして / 10分

2 打ち粉をして1をのばす

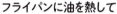
まな板に / 強力粉 大1〜3 / 麺棒で / 厚さ5mmほどになるまで

3 オリーブオイルを引き、蓋をして弱火と中火の間で焼く

フライパンに油を熱して / オリーブオイル 大1 / 焦げ目がつくまで / 蓋をして / 5分 / 弱火と中火の間

4 生地をひっくり返してチーズをのせて、弱火で焼く

チーズ約40g / 蓋をして / 10分 / 弱火

↓

器に移したらはちみつをかけて完成

一品料理
no.4

なすとトマトの相性抜群！
自家製ガーリックピザ

生地材料 (1枚分)

- ☆小麦粉（強力粉）── 150g + 大さじ1〜3（打ち粉用）
- ☆オリーブオイル ── 大さじ1
- ☆砂糖 ── 小さじ1
- ●牛乳 ── 80ml

焼き用
- ●オリーブオイル ── 大さじ1

材料

- ●トマト ── 1個
- ●なす ── 小1本
- ●ピザ用チーズ ── 好きなだけ（約60g）

ピザソース
- ●にんにくチューブ ── 3cm
- ●ケチャップ ── 大さじ2

焼き用
- ●オリーブオイル ── 大さじ1

おすすめトッピング
- ●粉チーズ
- ●バジル
- ●ドライイタリアンパセリ

ついでレシピ
なすの和風照り焼きピザ
トッピングのなすを醤油とみりんで炒めて、ピザソースの代わりにマヨと刻みのりをのせれば照り焼きピザだよ！

一品料理

1　ボウルに☆を入れて混ぜ、牛乳を少しずつ加えながら手で7分揉み込む。冷蔵庫で10分寝かせる

2　打ち粉をして1をのばす。なすとトマトを輪切りにする。なすをオリーブオイルで焼く

3　オリーブオイルを引き、蓋をして弱火と中火の間で焼く

4　生地をひっくり返し、にんにくチューブとケチャップを混ぜたソース、チーズ、トマト、なすの順にのせ弱火で焼く

＊ケチャップににんにくのすりおろしを混ぜるだけで簡単に美味しいピザソースができます。あれば、さらにアンチョビを入れると一層美味しくなります

一品料理
no. 5

カリカリもっちり
ニラチヂミ

材料

- にら ― ½束
- にんじん ― ¼本

調味料
- 水 ― 大さじ1
- ☆小麦粉 ― 100g
- ☆片栗粉 ― 大さじ3
- ☆和風だしの素 ― 小さじ1
- ☆水 ― 200㎖

焼き用
- ごま油 ― 大さじ1

つけダレ
- ポン酢醤油 ― 大さじ1
- ごま油 ― 小さじ1
- ラー油 ― 2～3滴

おすすめトッピング
- 白いりごま

ついでレシピ
にらのホイル焼き
余ったにらはアルミホイルで包んでフライパンで焼いて醤油を垂らすと美味しいよ！

＊生地にだしの素を入れることでふんわりした下味がつきます
＊タレはポン酢醤油だけでさっぱりと食べても美味しいです

一品料理

1 にら、にんじんを長さ4～5cmに切る。にんじんを水とともに電子レンジで加熱する

2 にんじんを加熱した器にニラ、★を入れて混ぜ合わせる

3 ごま油を引き、2を入れ蓋をして中火で焼く

4 フライ返しで3をひっくり返し、また蓋をしてじっくり弱火で焼く

ポン酢醤油、ごま油、ラー油を混ぜたつけダレでいただく

一品料理
no. 6

ふわっふわ
卵焼きサンド

一品料理

材料

- 食パン（8枚切り）——2枚
- 卵——2個

調味料
- マヨネーズ——大さじ2
- ケチャップ——小さじ1

焼き用
- サラダ油——小さじ1

おすすめトッピング
- 粗びき黒こしょう
- イタリアンパセリ

1 マヨネーズ、ケチャップを混ぜる

2 1をパンに塗る

3 卵を溶く。サラダ油を引いて、卵を両面弱火で焼く

4 卵焼きを食パンで挟んで重しをする。食べたい大きさに切って完成

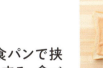

ついでレシピ
卵焼きホットサンド風
トースターで焼いた食パンで挟んで、ホットサンド風にしても美味しいよ！

一品料理 no. 7

マヨたまトースト

材料
- 食パン（8枚切り）……1枚
- 卵……1個

調味料
- マヨネーズ……大さじ1

材料
- 食パン（8枚切り）……1枚
- 玉ねぎ　1/8個
- ミニトマト　2個

調味料
- にんにくチューブ　2cm
- ケチャップ　大さじ1
- 塩こしょう　2ふり
- ピザ用チーズ　好きなだけ（約20g）

おすすめトッピング
- パセリ

一品料理 no. 8

混ぜて塗るだけ！チーズたっぷり
ピザトースト

一品料理

マヨたまトースト

1 食パンの中心をスプーンの底でつぶす

2 マヨネーズを塗る

3 食パンの凹みに卵を割り入れ、オーブントースターで6分焼いて完成

＊黄身が割れても、そのままオーブントースターで焼けば固ゆで風になって美味しいです

ついでレシピ
パングラタン

余った食パンをちぎって牛乳150㎖、コンソメ小さじ½と一緒にグラタン皿に入れて上からチーズとマヨをかけてオーブントースターでこんがり焼けばパングラタンが作れるよ！

ピザトースト

1 玉ねぎはみじん切りに、ミニトマトはざく切りにする

2 1とにんにくチューブ、ケチャップ、塩こしょうを混ぜ合わせる

3 食パンに2、チーズの順でのせてオーブントースターで焼く

＊ピザソースを作るプロセスで具材も混ぜることでお手軽に美味しいソースができます！

ついでレシピ
簡単和風玉ねぎサラダ

残った玉ねぎは薄切りにして水にさらし、水気をふき取って、マヨ大さじ1、削り節、醤油小さじ1で混ぜて玉ねぎサラダにすると美味しいよ！

至高のカレー

キーマカレーも、スープカレーも、実は簡単に作れます。
特別なスパイスや、大変なひと手間もなし！
身近な材料しか使わない、4種類のカレーを集めました。

no. カレー

最高に美味しい
和風キーマカレー

材料（2〜3人分）

- ひき肉——100g
- カレールー——2かけ
- ☆玉ねぎ——½個
- ☆にんじん——½本
- ☆にんにく——1かけ
- ☆しょうが——1かけ

調味料
- 水——大さじ1＋200㎖
- 麺つゆ——大さじ1
- 塩こしょう——小さじ1

炒め用
- サラダ油——大さじ1

おすすめトッピング
- ご飯
- 卵黄
- パセリ

ついでレシピ
キーマカレーナポリタン
余ったキーマカレーをパスタとケチャップで和えるとキーマカレーナポリタンになるよ！

＊カレールーは中辛のものを使用しました。中辛を使用することを前提の材料、分量になっていますがお好みで調整していただいてもまったく問題ありません。

カレー

1 ☆とカレールーをみじん切りにする。玉ねぎとにんじんを水とともに電子レンジで加熱する

2 サラダ油を引き、ひき肉と☆を中火で炒める

3 1のカレールーを入れ、水を2回に分けて入れ、そのつど弱火で溶かす

4 麺つゆ、塩こしょうを入れて煮込む

1時間寝かせて完成

カレー no.2

超本格！秘密の絶品
スープカレー

カレー

材料(2〜3人分)

- ◇鶏手羽元──5本
- ●玉ねぎ──½個
- ◇にんじん──1本
- ◇じゃがいも──1個

調味料
- ●水──大さじ1＋600㎖
- ☆カレールー──1かけ
- ☆にんにくチューブ──5〜6cm
- ☆カレー粉──大さじ1
- ☆ケチャップ──小さじ1
- ◇顆粒コンソメ──小さじ1

炒め用
- ●バター──大さじ1

おすすめトッピング
- ●ご飯
- ●ゆで卵
- ●なす(乱切りにして油で焼く)

ついでレシピ
カレーリゾット
スープカレーにご飯とチーズを入れて煮詰めるとカレーリゾットになるよ！

1 玉ねぎをみじん切りにし、水とともに電子レンジで加熱する。にんじん、じゃがいもは一口大に切る

耐熱容器に / 玉ねぎ½個 / 水大1 / ラップをして チンッ / 4分

2 バターを引き、☆、玉ねぎを調味料がなじむまで弱火で炒める

鍋にバターを溶かし / カレールー1かけ / カレー粉大1 / 1の玉ねぎ / ケチャップ小1 / にんにく5〜6cm / バター大1 / 調味料がなじむまで / 弱火

3 ◇と水を入れて蓋をし、沸騰するまで中火で煮る

蓋をして / 鶏手羽元5本 / 1のにんじん / 1のじゃがいも / コンソメ小1 / 水600㎖ / 沸騰するまで / 中火

4 弱火でじっくり15分煮て完成

蓋をして / 15分 / 弱火

カレー
no. 3

昔ながらの懐かしい味!
給食のカレー

カレー

材料（4人分）

- ☆カット鶏もも肉 — 100g
- ●玉ねぎ — 1個
- ●じゃがいも — 2個
- ●にんじん — 1本

調味料
- ☆オリーブオイル — 大さじ1
- ☆顆粒コンソメ — 小さじ1
- ☆水 — 800㎖
- ●小麦粉 — 50g
- ●カレー粉 — 20g
- ●塩 — 小さじ2/3

炒め用
- ●バター — 50g

おすすめトッピング
- ●ご飯
- ●グリーンサラダ
- ●ミニトマト
- ●スイートコーン
- ●パセリ

ついでレシピ
カレーうどん
鍋の底に残ったカレーを水と麺つゆで溶かしてカレーうどんができるよ！

1 玉ねぎ、じゃがいも、にんじんを一口大に切り、☆とともに10分中火で煮る（蓋をして）

2 フライパンにバターを少し溶かし、バターと小麦粉を炒め、ダマがなくなったらカレー粉を加えて炒める（まんべんなく混ざるまで／中火）

3 1の煮汁を50㎖ずつ3回入れ、そのつど混ぜる（弱火と中火の間）

4 1の鍋に3と塩を入れて混ぜ、中火で10分煮て完成

no. カレー
4

肉の旨みを活かしたこだわりの
ビーフカレー

カレー

材料（4人分）

- 牛バラ薄切り肉──150g
- 玉ねぎ──1個

調味料
- ヨーグルト──大さじ2
- 水──大さじ1＋700㎖
- にんにくチューブ──5〜6cm
- ☆甘口カレールー──2かけ
- ☆辛口カレールー──2かけ

炒め用
- バター──大さじ1

おすすめトッピング
- ご飯
- ピクルス
- パセリ

1 牛肉をヨーグルトに漬けて冷蔵庫で30分寝かせる。玉ねぎを薄切りにし、水とともに電子レンジで加熱する

2 バターを引き、玉ねぎ、にんにくチューブを中火で炒める

3 ☆と水、牛肉をヨーグルトごと入れて煮る

4 蓋をしてさらに弱火で煮込んで完成

＊甘口のカレールーと辛口のカレールーを混ぜることでより深みが出ます
＊甘口はバーモントカレー、辛口はジャワカレーのルーが個人的におすすめです

ついでレシピ
カレードリア
ご飯の上に余ったビーフカレーと卵、チーズをのせてレンチンするとカレードリアが作れるよ！

ご褒美スイーツ

お菓子というと、材料を買って分量を量って、順番を守って…。
そんな作るのが大変なイメージのあるスイーツも、
徹底的に簡単なつくり方で紹介します。
ちょっとしたおやつ、本格的なティータイムにもぴったりの、
素敵なお菓子を集めました。
「作る気になる簡単さ」の本格スイーツをぜひ堪能してみてください。

スイーツ

材料（直径15cmの丸型1台分）

- ブラックチョコレート 100g
- 卵 2個
- 小麦粉 40g
- バター 60g
- 砂糖 20g

おすすめトッピング
- オレンジ
- 粉糖
- ミックスナッツ
- ミント

1 卵を溶く

2 チョコレートとバターを湯煎にかけて溶かし混ぜ、チョコレートが溶けたら砂糖を入れて混ぜる

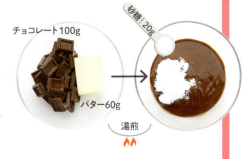

3 湯煎からはずし、1を2回に分けて入れて混ぜ、小麦粉を振り入れてさっくりと混ぜる

4 型に3を流し入れ、180度のオーブンで焼いて完成

＊ブラックではなく普通のチョコレートでもOKです

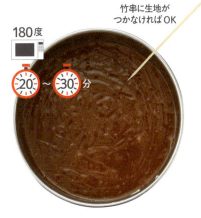

竹串に生地がつかなければOK

ついでレシピ

ガトーショコラが余ったら、生クリームやp171のアイスを添えるとパフェになるよ！

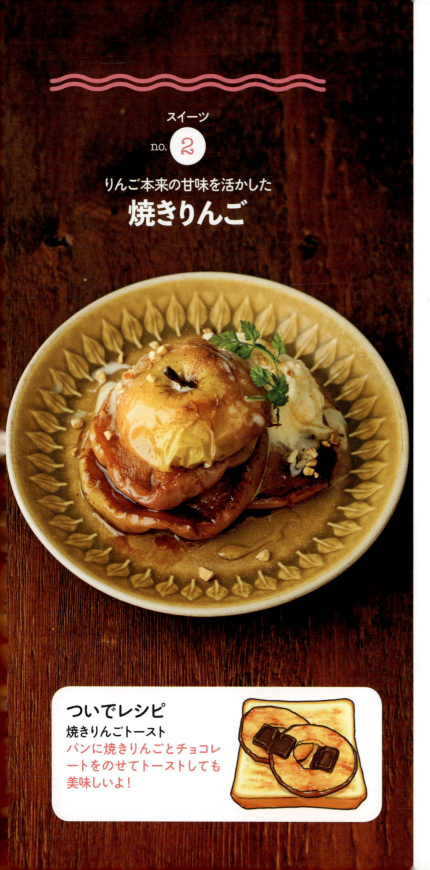

スイーツ
no. 2

りんご本来の甘味を活かした
焼きりんご

材料(1人分)
- りんご……1個

焼き用
- バター……20g

おすすめトッピング
- アイスクリーム
- チャービル

1 りんごを横に4等分する

フライパンにバターを溶かし

2 バターを引き、両面を中火でこんがりと焼いて完成

＊スーパーで売っているりんごは通常蜜入りなので、砂糖は一切使用しなくても甘みがあります。砂糖を使わないことでちょうどよい甘さになり、りんご本来の素材の味を楽しめます

ついでレシピ
焼きりんごトースト
パンに焼きりんごとチョコレートをのせてトーストしても美味しいよ！

スイーツ no.3

材料たった3種類！
濃厚バニラアイス

ついでレシピ
アイスサンド
バニラアイスはビスケットに挟んで食べても美味しいよ！

材料 (作りやすい分量)
- 生クリーム —— 200㎖
- 卵 —— 1個
- 砂糖 —— 35g

おすすめトッピング
- ミント

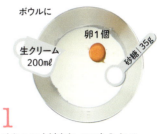

1 ボウルに材料すべてを入れる

2 1をツノが立つまで気合で混ぜる

3 容器に流し入れ、冷凍庫で冷やして完成

スイーツ
no. 4

究極のフワフワ感を味わえる
パンケーキ

材料(3〜4人分)

- 卵 ── 2個
- 砂糖 ── 大さじ1
- ☆小麦粉 ── 50g
- ☆牛乳 ── 40㎖
- ☆砂糖 ── 大さじ1

焼き用
- バター ── 大さじ1
- 水 ── 大さじ1＋大さじ1

おすすめトッピング
- ホイップクリーム
- ヨーグルト
- ブルーベリーソース
- いちご
- 粉糖
- オレンジピール

アレンジレシピ
お食事パンケーキ
ハムエッグを添えると食事としてパンケーキを楽しめるよ！

＊トッピングをのせない場合は砂糖の量を多めにしても良いでしょう
＊メレンゲをこれでもかというぐらい泡立てることで、美味しくてフワフワなパンケーキになります！

スイーツ

1 卵を卵黄と卵白に分ける。卵白に砂糖を入れて混ぜ、メレンゲにする

2 1の卵黄に☆を加えて混ぜ、1のメレンゲを2回に分けて加えて混ぜる

3 熱したフライパンにバターを溶かし、バターを溶かして生地を流し入れ、水を生地のすき間に入れて中火で焼く（蓋をして、焼き色がつくまで 2〜4分 中火）

4 ひっくり返して水を生地のすき間に入れ、弱火で蒸し焼きにして完成（蓋をして、薄く色づくまで 1分 弱火）

スイーツ
no.5
優しい甘さの 簡単バナナ蒸しパン

ついでレシピ
ミキサー不要の
お手軽バナナジュース
バナナをちぎってラップしてレンチンし、潰して牛乳と混ぜればジュースが作れるよ！

＊使う耐熱容器は小さめで、深さは一律の方が失敗しにくいです！

材料 (直径8cmのココット4〜5個分)

- バナナ——1本
- ホットケーキミックス——150g
- 卵——1個
- 牛乳——100mℓ
- 砂糖——大さじ2

おすすめトッピング
- バナナ
- アーモンドスライス
- 粉糖
- ココア

1 バナナを潰す（フォークで、バナナ1本）

2 1と材料すべてをさっくりと混ぜ、耐熱の型に入れる（木ベラなどで、ホットケーキミックス150g、牛乳100mℓ、卵1個、砂糖大2）

3 フライパンに深さ1/4ほどの水（分量外）を入れて沸騰させ、型ごと弱火で蒸して完成（蓋をして、竹串に生地がつかなければOK、水深さ1/4ほど、7〜9分、弱火）

スイーツ
no. 6

世界で1番簡単な
チョコカップケーキ

ついでレシピ
ホットチョコレート
牛乳に余ったチョコを入れてレンジでチンするとホットチョコレートになるよ！

材料（直径12×深さ5cmの容器1個分）

- ホットケーキミックス——30g
- 牛乳——50㎖
- チョコレート——5g
- 砂糖——大さじ1
- ココア——大さじ1
- オリーブオイル——大さじ1

おすすめトッピング
- 粉糖

耐熱のマグカップに

1 マグカップに材料すべてを入れて混ぜ合わせる

竹串に生地がつかなければOK

チンッ

2 電子レンジで加熱して完成 🕐 1〜2分

＊使用するチョコレートをブラックチョコレートにすると上品な甘さで深みのあるケーキに仕上がるのでおすすめ

スイーツ no. 7

ほのかな甘みの
牛乳ゼリー

スイーツ

材料（100ml入る容器3個分）

- 牛乳 —— 300ml
- ゼラチン —— 5g
- 水 —— 50ml
- 砂糖 —— 大さじ2

おすすめトッピング
- ミント

1. ゼラチンと水を入れて混ぜる
2. 牛乳、砂糖を入れて混ぜる
3. 静かに混ぜながら弱火で温める（牛乳が少し泡立ってくるまでゆっくり混ぜる）
4. 器に注ぎ、常温に放置して粗熱をとり、冷蔵庫で冷やし固めて完成

＊砂糖の量を少なくして、代わりにジャムをのせても美味しいです！

ついでレシピ
コーヒー牛乳ゼリー
作る時にインスタントコーヒー小さじ1を入れるとコーヒー牛乳ゼリーになるよ！

スイーツ no.8

タダゴトではない旨さの
自家製プリン

スイーツ

材料（80ml入る容器5〜6個分）

プリン
- 牛乳——300ml
- 砂糖——40g
- 卵——3個

カラメルソース
- 砂糖——40g
- 水——大さじ3
- 熱湯——小さじ1

おすすめトッピング
- チャービル

アレンジレシピ
プリン・ア・ラ・モード
生クリームや缶詰のフルーツを添えればプリン・ア・ラ・モードになるよ！

カラメルソースの作り方

砂糖と水を混ぜ、電子レンジで加熱する（カラメル色になるまで 2分30秒）→ 熱湯を加える → 混ぜながら型に流し入れる → 粗熱を取り、冷蔵庫で冷やす（15分）

プリンの作り方

1 牛乳と砂糖を混ぜて電子レンジで加熱する。泡立て器でよく溶いた卵を牛乳と混ぜる

耐熱のボウルに 牛乳300ml、砂糖40g／チンッ 1分30秒／卵3個 泡立て器で

2 ザルなどで濾してから、カラメルソースの型に流し入れる

3 フライパンに型が半分浸るほどの水（分量外）を入れて沸騰させ、型ごと弱火で蒸す

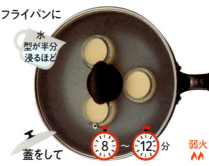

フライパンに 水 型が半分浸るほど／蓋をして 8〜12分 弱火

4 粗熱を取り冷蔵庫で冷やして完成

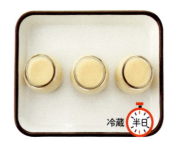

冷蔵 半日

スイーツ
no. 9

手軽にできる本格和菓子
芋ようかん

スイーツ

材料（10×8cmの容器1個分）

- さつまいも──2本（約250g）
- 水──さつまいもが浸るぐらい
- 砂糖──30g
- 牛乳──20ml

おすすめトッピング
- 黒いりごま
- 白いりごま

1 さつまいもの皮をむき、1cm角に切る。水とともに電子レンジで加熱する

柔らかくつぶれるようになるまで 6分30秒

2 さつまいもの水気をきる

3 さつまいもをスプーンでつぶし、砂糖と牛乳を入れて混ぜる

4 型に入れ、ラップを表面に押し付けて冷蔵庫で冷やして完成

2時間

アレンジレシピ

フライパンで軽く焼き目をつけて、上にバターをのせて食べるとスイートポテト風になって美味しいよ

スイーツ no.10

しっとり食感がたまらない
パン「粉」ケーキ

スイーツ

材料（1人分）

- パン粉……20g
- 牛乳……80mℓ
- 卵……1個
- 砂糖……大さじ1

焼き用
- サラダ油……小さじ1

おすすめトッピング
- ホイップクリーム
- いちご

1 パン粉と牛乳を合わせて浸す

2 1に卵、砂糖を入れて混ぜる

3 熱したフライパンにサラダ油を引き、焼き色がつくまで中火で焼く

4 蓋をしてさらに弱火で焼き、二つ折りにして完成

＊はちみつなど糖分の追加なしでも美味しく食べられる分量になっていますが、砂糖の量を減らしてジャムをかけて食べても美味しいです！

アレンジレシピ
バナナオムレット風
二つ折りにする時に、バナナや生クリームを挟むとオムレット風になるよ！

スイーツ
no. 11

寝かせないからすぐ作れる
本格チョコチップクッキー

材料（作りやすい分量）

- バター —— 40g
- 卵 —— 1個
- 砂糖 —— 30g
- ブラックチョコレート —— 160g
- ホットケーキミックス —— 150g

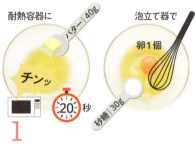

1 バターを電子レンジで加熱して溶かし、卵と砂糖を入れて混ぜる

2 1に砕いたチョコレート、ホットケーキミックスを入れてさっくり混ぜる

3 丸く整形し、180度のオーブンで焼いて完成

アレンジレシピ
アーモンドクッキー
チョコの代わりにアーモンドを入れるとアーモンドクッキーになるよ！

* ブラックチョコレートではなく、普通の板チョコでもOK

スイーツ
no. 12

控えめで上品な甘さの
パウンドケーキ

アレンジレシピ
砂糖の代わりにジャムを加えるとフルーツ風味のケーキになるよ！
ex.ブルーベリージャムを入れればブルーベリーケーキ

* お好みでバターだけではなく、オリーブオイルを入れることで風味とコクが出て深い味わいになります
* 生クリームを添えるとより美味しく、優雅な気持ちでいただけます！
* 今回は紙の型を使いました。それ以外の場合は型にバター10gを塗ってください。焼きあがった生地を取り出しやすくします

材料（6×12×深さ4.5cmのパウンド型1台分）
- 卵……2個
- 砂糖……80g
- 小麦粉……100g
- バター……90g

1 卵、砂糖を混ぜる

2 小麦粉をふるい入れて混ぜる

3 バターは電子レンジで加熱し、溶かす。2に加え、混ぜる

4 型に生地を流し入れ、180度のオーブンで焼いて完成

スイーツ no.13

優しい甘さと食感！
手作りクッキー

スイーツ

材料（作りやすい分量）

- 卵……1個
- バター……50g
- 砂糖……40g
- 小麦粉……100g

1
卵は卵黄と卵白に分ける。バターは電子レンジで加熱して溶かす

2
1の卵黄に砂糖を混ぜる。ざらつきがなくなったら小麦粉をふるい入れ、バターも加え、粉っぽさがなくなるまでさっくりと混ぜる

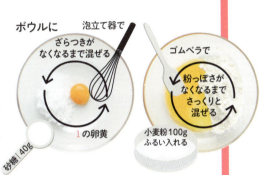

3
ラップで包んで円柱形にして、冷蔵庫で寝かせる

4
5mmほどの厚さに切る。天板にのせて表面に卵白を塗り、180度のオーブンで焼く。冷めたら完成

アレンジレシピ
オリジナルクッキー＆クリーム

p.171のバニラアイスと砕いたクッキーを混ぜて一緒に食べるとサクサク食感で美味しいよ！

＊ご家庭のオーブンによって同じ温度設定にしても強さが違うので、最初15分焼いてみて、生焼けだったりしたら5分追加したりして様子を見ながら焼いた方がいいです！

＊焼きあがってもすぐに食べずに粗熱を十分に取ってください

スイーツ no.14

アーモンドチョコで作る
絶品ひんやりムース

スイーツ

材料（150㎖入る器1個分）

- アーモンドチョコ……1箱
  （90gくらい）
- 卵……2個

おすすめトッピング

- アーモンドチョコ
  （砕いたもの）
- ココアパウダー

1
卵を卵黄と卵白に分ける。卵白を混ぜ、メレンゲにする

ボウルに 卵黄2個分　　泡立て器で 卵白2個分　ツノが立つまで

2
アーモンドチョコをみじん切りにする。湯煎にかけて溶かしながら卵黄を入れて混ぜる

アーモンドチョコ1箱　1の卵黄　湯煎

3
湯煎から外し、1のメレンゲを2回に分けて入れ、そのつど混ぜる

ゴムベラで　1のメレンゲ2回に分けて

4
3を型に入れてラップをし、冷蔵庫で冷やして完成

型に　冷蔵 半日

ついでレシピ
チョコパン
チョコムースは食パンに塗るとチョコパンになるよ！

＊ひんやりしたスイーツの場合は甘めのチョコを使うのがおすすめです

100レシピ＋ついでレシピのおまけ

卵白貯金でシフォンケーキ

トロっと卵黄をトッピングすると美味しい料理が多いけど、卵白ばっかり余ってしまいます…そんな声にお応えして、あまった卵白は冷凍して（⇒p82 ついでレシピ）、卵白貯金。貯まったらシフォンケーキにしてみては。

材料（シフォンケーキ型1個分）

- ホットケーキミックス──100g
- 牛乳──大さじ2
- サラダ油──大さじ2
- 砂糖──60g
- 卵白──3個分

1 ボウルに卵白と砂糖を入れてメレンゲ状になるまで混ぜる

2 ホットケーキミックス、牛乳、サラダ油を入れてヘラでさっくり混ぜる

3 型に生地を流し込んでオーブンで180℃で25〜30分焼く（竹串を刺して、液体がついてこなければ完成）

卵白が余るレシピはこれ！
（卵黄を使うレシピ）

- 豚キムチ焼きうどん　p20
- マグロユッケ　p37
- 和風カルボナーラ　p74
- 油そば　p82
- 冷やしカルボナーラ風ラーメン　p83
- 豚玉丼　p136
- 和風キーマカレー　p158

staff
デザイン
三木俊一+守屋圭(文京図案室)
カメラマン
松永直子
スタイリスト
田中真紀子
イラスト
ぼく
調理協力
三好弥生・好美絵美
編集協力
深谷恵美
DTP
山本秀一+山本深雪(G-clef)
校正
文字工房燦光

撮影 器協力
UTUWA
03-6447-0070

はらぺこグリズリー

手抜き料理研究家。
初著書となる『世界一美味しい煮卵の作り方』は第4回料理レシピ本大賞を受賞し、30万部のベストセラー。その後も日夜「かんたん」「美味しい」を追い続け、たくさん誕生したレシピをまとめた2作目である本書を出版。
メディアを中心に多方面で活躍中。

ブログ「はらぺこグリズリーの料理ブログ」
https://www.cheap-delicious.com/

世界一美味しい
手抜きごはん
最速！やる気のいらない100レシピ

2019年3月6日　初版発行
2025年5月30日　40版発行

著者　はらぺこグリズリー
発行者　山下直久
発行　株式会社KADOKAWA
　　　〒102-8177　東京都千代田区富士見2-13-3
　　　電話 0570-002-301（ナビダイヤル）
印刷所　TOPPANクロレ株式会社

本書の無断複製（コピー、スキャン、デジタル化等）並びに無断複製物の譲渡及び配信は、著作権法上での例外を除き禁じられています。また、本書を代行業者などの第三者に依頼して複製する行為は、たとえ個人や家庭内での利用であっても一切認められておりません。

●お問い合わせ
https://www.kadokawa.co.jp/（「お問い合わせ」へお進みください）
※内容によっては、お答えできない場合があります。
※サポートは日本国内のみとさせていただきます。
※Japanese text only

定価はカバーに表示してあります。
©HungryGrizzly 2019　Printed in Japan
ISBN 978-4-04-602347-6 C0077